第 **1** 巻

福祉政策研究入門
政策評価と指標

少子高齢化のなかの福祉政策

埋橋孝文

［編著］

明石書店

まえがき

　今日、政策評価法の成立からおよそ20年が経とうとしているが、福祉政策研究の分野では、扱っている論点が政策過程におけるインプット、アウトプット、アウトカムなどのどの段階に関わるものかが不明なままに各段階の統計データが入り混じって説明されることが多く、政策と成果に関わる因果関係が解明、明示されずに、あるいは、明示されていてもその根拠が示されずに叙述されることがある。

　本書は、こうした現状に対して公共政策学の「政策評価」論を援用して福祉政策の政策評価に挑戦するものである。ただし、福祉政策のようなマクロの政策評価の場合、アウトカムに影響する複雑な外部（外生）要因の効果を政策の純効果と分離することが難しいという特有の事情があり、これまで依拠できる確たる方法論が存在しない。

　本書はそうした研究の状況下で、以下の3点に特に留意し、いくつかの隘路のブレークスルーを試みたものである。

1) 政策分析、政策評価を「プログラム評価」や「福祉の生産モデル」のどのステージでおこなおうとしているかを明示して実施する。

2) アウトカムだけが政策評価の対象ではなく、インプットやプロセスも政策評価の重要な対象であり、それらを含むことで「ブラックボックスのような評価」（C. H. ワイス）を避ける。

3) マクロの政策評価の場合、ロジックモデルの if～then～、つまり、「もし～ならば～になる」という仮説を検証しようとしても、因果関係を実証的に厳密に確定できないことが起こりうるが、論理的にまた周辺情報を加味して状況証拠を積み重ね、因果関係の推定に努力する。

　編著者は社会保障や福祉国家の国際比較研究にはじまり、生活困窮者支援政策と子どもの貧困対策の検討を経て、現在、福祉政策研究に従事しているが、30年近く前に次のように述べたことがある。

　「東大社研『福祉国家』（1984・5年）をはじめとするわが国の研究、とりわけ複数の執筆者からなる共同研究でもっとも欠落しているのは、まさしく、

視点や研究方法の統一、共通のデータの利用と分析フレームワークの適用、さらに、個々の国の分析結果を集めて総括し、一般化していく点であった[1]」。

　共同研究の成果として刊行される本書（第1巻、第2巻）は、期せずして、福祉政策研究の分野において、上記下線部分を強く意識した内容のものとなった。30年の眠りから覚めたということであろうか。

　なお、本書でいう「福祉政策」について説明しておけば、年金や医療、介護、生活保護などの社会保障や高齢者、障害者、児童、低所得者などの福祉サービスの全体を福祉政策の対象と考えている。広く一般国民に対する現金給付やサービス給付などを含み、福祉政策の範囲をかなり広く捉えているところに特徴がある。

　ただし、その全体を扱うことは難しく、本書第1巻では少子高齢化のなかでの高齢者と子どもを対象とした福祉政策を扱う。少子高齢化が問題とされて久しいが、果たしてこれまでの政策展開は十分な成果を生んできたのであろうか。また、「子どもの貧困」はそれに比べれば比較的最近のことであるが、今現在、それに立ち向かう体制は十分に構築されているのであろうか、などの問題が論じられる。第2巻では、格差と不利／困難のなかでの障害者と生活困窮者をめぐる福祉政策を扱い、適切な政策評価指標について問題提起する。また、韓国と中国における福祉政策、とりわけ所得再分配政策の分野での最前線の動き（韓国：ベーシックインカム、中国：第2次所得分配と第3次所得分配）とその意味合いについて検討する。

　本書が福祉の政策研究のフロンティアを拓き、前進させることができれば、執筆者一同、望外の喜びである。

2022年1月

　　　　　　　　　　　　　　　　　　　　　　　　　　　　　埋橋孝文

注
1) デボラ・ミッチェル著、埋橋孝文ほか訳（1993）『福祉国家の国際比較研究——LIS10カ国の税・社会保障移転システム』（訳者解説、啓文社）

福祉政策研究入門　政策評価と指標

《目　次》

第１巻　少子高齢化のなかの福祉政策
第１部　高齢者福祉の政策評価
第２部　子ども福祉の政策評価

第２巻　格差と不利／困難のなかの福祉政策
第１部　日本における格差と不利／困難
第２部　東アジア／取り組みの最前線

第１巻　少子高齢化のなかの福祉政策

第１部　高齢者福祉の政策評価

第2部　子ども福祉の政策評価

福祉の政策評価をどう進めるべきか

埋橋孝文

グラフィック・イントロダクション

図表序－1　論文数の順位 [1]（2010 年）

	1 位	2 位	3 位	4 位	5 位	6 位
日本	**労働政策**	公共政策	社会政策	福祉政策	家族政策	社会保障政策
中国	公共政策	社会政策	**社会保障政策**	福祉政策	労働政策	**家族政策**
韓国	**社会政策**	公共政策	労働政策	福祉政策	家族政策	社会保障政策
英語	公共政策	社会政策	**家族政策**	福祉政策	労働政策	社会保障政策

1）日本：CiNii（Citation Information by National Institute of Informatics、国立情報学研究所）、中国：CNKI（China National Knowledge Infrastructure）、韓国：DBpia（Data Base Periodical Information Academics）、英語：Web of Science
出所）埋橋・朴・楊・孫（2020）p.9

　日本、中国と英語の学術データベースでは公共政策の論文数が社会政策の論文数を上回っている。韓国では社会政策の論文数の方が多いという特徴がある。

　日本では、労働政策の論文数が社会政策と公共政策を上回っている。家族政策は日中韓 3 カ国では少ないが英語データベースでは、社会政策や公共政策の 4 分の 1 ほどを占め、日中韓と比べて相対的に多い。その他では、中国で社会保障政策の論文数が相対的に多いことが注目される。

1．何が問題か／福祉の政策分析を前に進める必要性

　本書は福祉政策研究の分野における政策分析の厳密化に挑戦するものである。政策分析の中でもこれまで福祉政策研究でブラックボックス化されてきた感のある〈政策評価〉についての検討に主眼が置かれている。〈政策分析〉にしても、あるいは、〈政策評価〉にしても、そうしたタイトルをもつ類書はこれま

で公刊されていない。福祉政策学はその名称が示すように「政策科学」の一つであるが、本書は〈政策評価〉を切り口にして福祉政策学の政策科学的側面を充実させようとするものである。

　日本のセーフティネットをみれば、現在、年金、医療、介護、福祉サービスなどは「制度」的には整備がほぼ完了している。いまだ制度的に導入されていないのは、全国的な住宅手当と給付つき税額控除制度など、数えるほどしかない。しかし、制度的に整備されていることとそれが果たして政策目標を有効に達成しているかは別問題である。

　政策が制度として結実したのちは、当然のことながらそれで終わりでなくて、それが有用であり、目的を有効に達成しているかの点検が必要である。それはいわゆる「Plan-Do-See (Check) -Act (Action) サイクル」を回すためにも必要なことである。

　　「このような事態を避けるためには、ある社会的目標を実現するために必要とされる政策体系が本当に「有効性」をもって形成・実施されてきたのかということが「評価」される必要がある。そして、評価をするうえで欠かせないツールが「指標」である。体系的で一貫性のある指標をもって達成度合を測定することで、現状を可視化する、時系列の変化を捉える、国際比較によって自国の状況を相対的に位置づけるなどが可能となる。こうした縦断的・横断的分析は、社会的目標の実現（社会状況の改善）に取り組む政策の現状と課題をあぶり出し、次の一手に関する適切な判断を下すための材料を提供する。つまり、指標が政策を適切に評価するためのエビデンスとなり、そのような評価を実施してはじめて質の高い政策を提言・決定することが可能となるのである」（田中 2020）。

　政策評価の考えと手法は 1960 年ころからアメリカで発展してきたものである。社会政策の分野ではジョンソン大統領時代（1963 ～ 1969 年）の「貧困との戦い」プログラムの実施との関連で政策評価の実務と研究が進展した。今日、政策評価が注目される背景としては、とりあえず次のようなことが考えられる。

　①アメリカではもともと納税者（tax payer）としての意識が強く、税金の

使われ方に対する関心と監視意識が強い。

②アメリカに限らず先進諸国では、以前に比べて現金給付とサービス給付の両方およびそれを賄う税金の投入が飛躍的に増えた。国民（選挙民）の同意を得るためにも政策の有効性を示す必要がある。

③1980年代以降の新自由主義の興隆の中で福祉国家施策の縮減を「費用と効率のアセスメント」に基づいておこなおうとする流れが出現してきた。

④逆に「社会政策の強化」（岩田正美）を志向する側からも、目的を実現するために客観的・科学的で公正な政策評価をおこなう必要性が生まれてきた。

　本序章では最初に社会政策の研究動向を国際比較的考察を交えながら大まかに概観する。とりわけ日本では社会政策研究と公共政策研究の間の交流が少ないが、そのことは社会政策研究の側が、公共政策学で蓄積されてきつつある新しい知見や方法論の摂取に消極的であったことを示していないか、という問題意識がその背景にある。

　注）本書のタイトルでは「福祉政策」という言葉を用いている。しかし、本序章では社会政策という概念の検討が中心になっている。両者の関係について説明すれば、第1に、本書で用いる「福祉政策」の範囲は、まえがきで述べたように障害者福祉や児童福祉、生活保護などの狭い意味での「福祉」だけではなく、年金や医療、介護、生活保護などの社会保障全般を視野に入れたものである。その意味で「広義の福祉政策」といえる。第2に、社会政策は明治期以来の学問的歴史をもっている概念であり、上のような福祉政策以外に労働－雇用問題、労使関係の研究なども学問分野として含んでいる。欧米のsocial policyの場合、これに加え住宅問題や教育問題も社会政策に含まれているが、労働－雇用問題は含まれないのが普通である。今日社会政策という言葉は一般に馴染みがなく、こうした内容の政策であると世間で周知されていないことが多いので、本書では福祉政策の方をタイトルに選んでいる。ただし、福祉政策が取り上げている問題は、従来、学問分野としては「社会政策」の中で研究されてきた。これまでの政策研究を振り返る際には「社会政策」という概念を用いるのはそうした理由のためである。本書の他の章ではこれまでの研究を振り返る特別な場合を除いて「福祉政策」という言葉を用いる。

　上のような問題意識のもと、本序章では、以下の3つの課題を検討する。

　第1に、社会政策の先行研究における政策理解、とりわけ政策効果・影響に

関する議論がどのようなものであったかをみる。具体的には社会政策に関する啓蒙的なテキストで政策評価がどのように扱われてきたかを検討する。検討の結果、制度導入後、定着後にどういう影響を及ぼしたのか、目標に照らして政策効果、実績はどのように評価されるのかという点の検討は不十分であることが示される。

第2に、そこで浮き彫りになった、社会政策研究でブラックボックス化されてきたともいえる「政策効果」「政策評価」の領域を充実させるための予備的考察をする。わが国では社会政策研究と公共政策学との学問的交流はこれまで少なかったが、今後それが必要なこと、また、マクロ的な事象である社会政策をめぐる政策評価でも「プログラム評価研究」の方法などを取り入れることができることなどが示される。これまでこうした検討は試みられることがなかった新しい挑戦である。

第3に、国際比較研究と政策研究の関係をどう理解すべきかという課題を検討する。筆者は、国際比較研究を経て、現在、政策研究に携わっているが、政策研究が国際比較研究に示唆する点およびその逆について検討する。

2. 社会政策および関連分野研究の量的趨勢

日本において〈社会政策〉は1950年代から年間そこそこの数の学術論文があったが（〜50件）、1980年以降2000年にかけて増加し、2010年で年間150件強の学術論文が発行されている（図表序－2）。〈公共政策〉は、1995年まではごくわずかであったが、1995年以降急増し、2005〜2010年には〈社会政策〉を上回って200件を超えるようになっている。〈労働政策〉は2005年以降激増し、2005〜2010年にほぼ400件に達している。この激増の背景としては、雇用ポートフォリオという構想を打ち出した1995年の日経連『新時代の「日本的経営」』の発表、1997年から顕著になっていった正規労働者の減少（非正規労働者の増加）などが考えられるが、その詳細は不明であり、今後の解明が必要である。

〈福祉政策〉は1990年代後半からの著しい増加傾向が観察されるが（2005年に100件）、これはおそらく介護保険法の準備、制定と施行（1990年代、

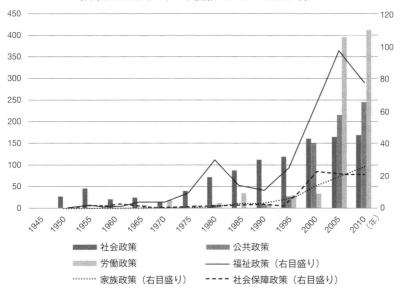

図表序－2　社会政策、公共政策ほかの学術論文数
（日本、CiNii、キーワード検索、1945 ～ 2010 年）

社会政策　　　　　　　　**公共政策**
労働政策　　　　　　　　**福祉政策（右目盛り）**
家族政策（右目盛り）　　 **社会保障政策（右目盛り）**

閲覧日）2020 年 10 月 15 日
出所）埋橋・朴・楊・孫（2020）p.6

図表序－3　キーワードに社会政策と公共政策の両方を含む論文数の割合
（1990 ～ 2010 年の累計総数、%）

	社会政策の論文数に占める割合	公共政策の論文数に占める割合
日本	0.38%（12/3155）	0.44%（12/2736）
中国	3.52%（115/3263）	1.37%（115/8374）
韓国	9.83%（1363/13860）	36.62%（1363/3722）
英語	3.12%（154/4932）	1.21%（154/12729）

出所）埋橋・朴・楊・孫（2020）p.9

1997 年、2000 年）によるところが大きいと思われる。

　なお、社会政策と公共政策との関連を見るために両者を同時にタイトル等
に含む件数をチェックすると、1990 年から 2010 年まででわずか 12 件しかな
い。つまり、日本では公共政策と社会政策を共通のキーワードにもつ論文は

ごく少なく、両系統の研究は相互に無関係におこなわれていることがうかがえる。他の国、データベースと比べてもその傾向が強いことがわかる。とりわけ韓国では両系統の研究の結びつきが強い（図表序－3参照）。

3．社会政策論の〈社会〉理解をめぐって

　本序章の第1の課題は「社会政策」の後半部分、つまり〈政策〉に焦点をあてて、これまでの社会政策論では政策がどのように捉えられてきたかを探ることである。社会政策の前半部分の〈社会〉については、つまり政策が働きかける対象をめぐっては、この20年ほどの間に大きな地殻変動ともいえるほどの認識の変化が生じた。それまでは下に引用するような大河内一男の理論が長きにわたって影響力をもち、その結果、「労働力の確保、保全、培養」に係る労働力政策として社会政策を理解するという認識が根強かった。

> 「無用の誤解を避けようと思うなら、われわれは社会政策という言葉の代わりに労働政策・労働者政策、或いはことの本質をよりよく表示する名称を選ぼうとするなら、『労働力政策』という、一層明確で具体的な名称を選んだ方がいいのである」（大河内一男『社会政策（総論）改訂版』1963、p.10）。

　この大河内の説に対する批判は多様な側面から何度となく試みられたが、政策の対象を含む社会政策の定義に関する批判は武川正吾のものがもっとも有力である。武川によると労働力政策に重点を置いて社会政策を捉えた大河内学説は、「脱商品化」の程度の低い時代の社会政策と位置づけられる。「脱商品化の程度の低い時代」とは、社会保障制度がいきわたり福祉国家的施策が備わる時代「以前の」時代を指す（武川1999、5章）。

　言い換えれば、大河内の説はいわゆる後発資本主義ないし後発福祉レジームの初期段階に特徴的な捉え方であるという解釈が成り立つ。その当時は、国民一般の生活を問題にするよりも生産に従事する労働者の生活水準の維持、向上が政策的に優先されていたのである。しかし今日では、社会政策は労働政策だ

けでなくいわゆる社会保障や社会福祉なども含むことが定説になっている。

　上のような「社会」の捉え方の大きな変化はわが国での福祉国家施策の充実が背景にあったといえる。つまり、国民生活の水準や質を左右するものが雇用だけでなく年金や医療、社会福祉などの社会保障も含まれるようになってきたという時代背景の変化があったのである。そうした中で、社会政策がもともと国民生活に密着した事象を取り扱うという性格をもっていた以上、そうした変化に合わせて自らが扱う対象を広げる必要があった。対象範囲を広げることによって、政策分析や政策提言などの現実への対応能力を保持しようとしたともいえる。今から振り返ると、そのことは一定程度の成功を収めたように感じられる。

　本序章での問題意識は、扱う対象範囲の拡大、ウィングの広がりとは別に、とりわけ〈政策評価〉の面で、政策科学としての社会政策論の深みが伴なっていたかを先行研究を素材にして検討するものである。もし、そうした深みがみられないことが明らかになった場合、どこが不十分な点かを探ることによって、今後の議論の発展のための糸口を見い出すことができるであろう。

4.　社会政策論における分析フレームワークを振り返る

　ここでは、これまでの社会政策論の定評あるテキストが、学問的枠組みをめぐってどのような特徴をもっているかを、社会政策の概念規定、〈定義〉を中心に探る。

　最初に取り上げるのは古典ともいえる大河内一男（1963年）『社会政策総論』（改訂版）であり、社会政策の概念規定の特徴は次のように描ける。

　〈対象〉－賃金労働者、〈担当（主体）〉－社会的総資本たる国家（近代国家）、〈目的〉－「労働力」の確保、〈定義〉－「労働力」の保全のための政策の体系、〈手段〉－3つの時期（①労働力の創出期、②原生的労働関係の克服期、③労働者組織そのものを資本が把握する必要のある時期）によって異なる。

　〈手段〉について補足すれば、「規制」と「再分配」の2分法で分類すれば、①のギルドの解体、②の工場法、③の労働組合を法認する立法（いわゆる「解放立法」）など、「規制」に重点がかかっている。③の時期にみられる、「再分

配」に位置づけられるであろうドイツでの社会保険制度などについては叙述がほとんどないことに気づき、驚きを禁じ得ない。

なお、「政策の社会的総結果」に関する次の叙述は注目に値する。〈（結果の）測定〉という表現が興味深い。というのはこの概念は、政策の成果や評価と関連付けやすいものであるからである。

> 「社会政策の理論的究明にとって必要なことは、その『政策』に対する主体の意図とは一応別個に、その社会的総結果において、社会政策は何をもたらすか、という点の測定または分析にある」（p.267）。「……その社会的総結果こそが重要ではなかろうか。この点を見透し、それを測定すること、この点もまた、社会政策の『理論』にとっての基本的な部分なのである」（p.268）。

次に取り上げるのは大山博・武川正吾（編）（1991 年）『社会政策と社会行政——新たな福祉の理論の展開を目指して』の総論部分（第 1 章）である。[1]

本書は「イギリス的社会政策概念」の紹介と検討を意図しており、今から振り返るとその面の意義が大きい。しかし、ここでの問題関心からすれば、その「イギリス的社会政策概念」の定義が明示されていないことが悔やまれる。したがって、たとえば上でふれた〈担当（主体）〉〈目的〉〈定義〉〈手段〉〈結果の測定（＝政策評価）〉などについてのまとまった叙述はない。

ただ、イギリス的概念が次のような「政策論的な利点」を含んでいるとされているという指摘が注目される。第 1 に、「現代社会における必要の高次化に対応している」、第 2 に、「人間の生活の統一性に対応している」、第 3 に、「政策間の調整へと導く」の 3 点である。

三番目は玉井金五・大森真紀（編）（2000 年）『新版　社会政策を学ぶ人のために』の序章である。本書は、先にふれたような政策対象の拡大を受け継いで「生活政策としての社会政策」を強調したものである。しかし、「社会政策の起点」「戦後社会政策の枠組み」「伝統的社会政策論の修正」「新しい社会政策的課題」という表現はあるが、上の文献と同じように「社会政策」の〈定義〉はなく、〈担当（主体）〉〈目的〉〈手段〉についての叙述もない。また、政

策効果、政策評価などの項目は本文に叙述はなく、事項索引にも掲載されていない。

　四番目は三重野卓・平岡公一（編）（2000年）『福祉政策の理論と実際』の第1章である。本書は社会政策ではなく福祉政策にフォーカスしているのであるが、いわゆる広義の福祉政策であり、「その中核として社会保障制度が挙げられる」「雇用政策も含まれる」（p.5）ことから社会政策とほぼ同義と捉えて差し支えないであろう。

　これまでの上記3著作に関するコメントは〈担当（主体）〉〈目的〉〈定義〉〈手段〉〈政策評価〉に沿って検討してきた。それを本書でも踏襲すれば、〈担当（主体）〉はそれほど明示されているわけではないが公共当局と考えられ、〈目的〉〈定義〉についての直接的な言及はない。ただし、「……こうしたニーズから福祉目標、政策目標が設定される」（p.15）と指摘され、それぞれ説明されている。〈手段〉については、広義と狭義が区別されており、前者は政策、制度のシステム、後者は「現物給付、現金給付の方法、民間部門に対する補助、指導、規制、民間部門との協働などの具体的な政策手段のシステムや……社会サービス」である（p.16）。

　そして「政策のための基準として作用するもの」として平等、公正、公平、適切性、「政策の運営基準」として効果、効率、接近可能性が挙げられている。ここで政策基準、政策の運営基準と表記されているものの区別がややわかりにくい。また、どちらも政策立案に際しての参照基準と理解した方がいいが、それは別の側面からみれば「政策評価」基準になりえる。効果に関して「効果という視点は、政策を考える場合、不可欠なものといえよう」（p.20）という指摘がある。政策評価、公共政策、指標（化）という用語は索引にはないが、後の二者については本書の p.16、p.21 で用いられている。

　五番目は椋野美智子・田中耕太郎（初版2001年）『初めての社会保障——福祉を学ぶ人へ』である。本書は初版以来2020年までに17版を重ねているベストセラー本である。序章（「社会保障の見取図」）では「国民の生活の安定が損なわれた場合に、国民に健やかで安心できる生活を保障することを目的として、公的責任で生活を支える給付をおこなうものである」という1993年社会保障制度審議会社会保障将来像委員会第一次報告を引用し、目的および定義に代え

ている。

　本書の主たるねらいは「『なぜ？』『どうして？』と考えていくうちに制度
の構造を立体的につかめるように工夫」した点にある。〈担当（主体）〉〈目
的〉〈定義〉〈手段〉〈政策評価〉などの叙述は序章ではふれられていない。も
ちろん、1章以降の医療保険、生活保護と社会福祉、介護保険、年金などの各
論ではそれぞれの制度の〈目的〉〈定義〉〈手段〉などはふれられている。しか
し、序章でもまた1章以降の各論でも一切ふれられていないのは、〈政策評価〉
である。もちろん、入門書としてそれをあえて避けたということも考えられる。
しかし、本書が「制度の構造を立体的につかめるように工夫」したという以上、
政策がどのようなアウトカムを生み、それがどのようなインパクトを与えてい
るか、あるいは、もし成果を出せていないとすれば、その原因はインプットが
少ないからか、あるいはプロセスでのガバナンスの悪さによるものなのかなど
の検討があってもよいと思われる。つまり、制度の効果や成果を評価すること
が最初から除外されていては、何のための「制度の構造」の学習なのかという
ことが問われることになる。

　本節をまとめてみれば次のようになる。

　刊行時期の異なる5つの啓蒙的テキストのうち、用語が異なるが一応「政策
評価」に関係すると考えられる叙述のあるのは大河内（1963年）と三重野・
平岡（2000年）の2つであった。

　大河内（1963年）では短い叙述であるが、〈政策の社会的総結果〉〈（結果
の）測定〉という表現が盛り込まれており、文字通り先駆的に「社会政策は何
をもたらすのか」という問題意識をもっていた。さすがという他ない。三重
野・平岡（2000年）の場合、「政策のための基準」「政策の運営基準」「より具
体的な政策基準」の3つが用いられており複雑であるが、その中身は政策の立
案と施行にあたっての準拠基準という性格が強い。とりわけ後の2つについて
はそうであり、立案・施行の担当者が参照すべきマニュアル的な性格をもつ。
一つ目の「政策のための基準」は、未分離ではあるが、平等、公正、公平、適
切性などを含み、政策「評価」基準にもなりえる。

　他の3つの著作ではそうした政策効果や政策評価に関する問題意識は見つけ
ることができなかった。その理由については別途詳しい検討を必要とするが、

全般的に、①新しい政策の導入自体の是非に関心が偏り、導入後をめぐる議論が不足していたのではないか、②政策の導入によって何らかの成果を生み出すことが一種の当然の前提として捉えられている傾向があったのではないか、③検討されている事例がマクロの社会政策であることが多く、政策だけの成果を取り出して論じることが難しかったのではないか、④政策評価は成果（アウトカム）だけに関するものではなく、インプット、生産（もしくはアクティビティ）、アウトプット、アウトカムそれぞれに関する評価が可能であるが、それらが区別されずに雑然と一緒にして論じられ、その結果、クリアな分析に至らなかったのではないか、などの原因が考えられる。

　政策効果や政策評価が取り上げられていないだけでなく「社会政策」の〈定義〉、〈主体〉〈目的〉〈手段〉についての叙述もないテキストがあった。このことから大きな変動を経験し刻々と変化していく社会政策の対象を追いかけるのに精いっぱいで、自らの学問的スタンスを自省的に顧みることが少なかった、と結論づければ言いすぎであろうか。

5. 「政策評価」の視点から社会政策を見直す

　本序章の第2の課題は、近年著しく研究が進展している「政策評価」理論の観点から社会政策論を見直すことである。こうした目的を達成するための一つの参照基準としてこの間の公共政策学の発展を視野に入れていく。公共政策学の分野において、政策決定、政策過程、政策評価などの各論で貴重な理論的、実証的知見が積み重ねられているが、こうした動向が社会政策論にどのような関連をもつのかが興味を惹く。より直截的にいえば、社会政策論はこうした公共政策研究からどのような影響を受け、自らの政策論の豊富化に努めたのか、あるいは努めなかったのか、という点の確認作業が必要である。図表序－3（本書 p.15）から判断する限り、日本では社会政策研究と公共政策学との学問的交流は少ない。また、これまでの社会政策研究では、政策評価についての研究蓄積は厚くないこともいくつかのテキストの検討から判明した。

　以下では、政策評価論の充実が社会政策論を発展させるために必要であるという認識の上に立って、いまだ試論的な考察に過ぎないが、近年の「プログラ

ム評価」理論が社会政策の評価研究に示唆するいくつかの基礎的事柄を整理していく。社会政策における評価研究の水準向上のために、「プログラム評価」という理論地平から利用できるものを選び取っていく作業にはそれなりの意義があると考えられる。

（1）社会政策におけるマクロ－メゾ－ミクロ

　マクロ－政策（policy）、メゾ－施策（program）、ミクロ－事業（project）の３つに分けるならば、マクロ的な政策の評価をめぐってはそれほど厚い研究蓄積はないようである。欧米を視野に入れても研究蓄積の多くはメゾの施策とミクロの事業に係る。ロッシほか（2005）やワイス（2014）に代表される「プログラム評価」理論もメゾ、ミクロの社会的介入政策を念頭に置いているように思われる。

　マクロの政策評価の場合には、単純にあるいは純粋に政策の実施だけに帰せられない様々な外生要因がアウトカムに影響することがあり、このことが評価を難しくしている[2]。

　社会政策は〈規制〉もしくは〈再分配〉の機能を発揮してその政策目的を実現しようとし、公共政策の一つとして予算措置を講じられ、また、国民に対して、政策効果についての説明責任を有している。

　ここで注意すべきは、社会政策はもっぱらマクロの介入政策と考えられてきたが、それは自明のことではなく、再考の余地があるということである。社会政策にも強弱の差はありつつもメゾ（施策）、ミクロ（事業）的側面がある。たとえば、ある目標や目的を達成すために政策がある（基本政策)。この基本政策は、ある目標や目的の達成のための基本方針を示すだけにとどまると考えられる。そこで、この基本政策の目標を達成するためのより具体的な、あるいは限定的な目標を設定した下位の政策が必要になってくる。こうしたときに基本政策と下位の関連政策との合理的な関連が検証する必要があるが。それはともかくここで上位－下位という表現を用いたが、マクロ、メゾ、ミクロと言い換えてもいい。これまでの社会政策論でこうした上位－下位の区別と関係、もしくはマクロ－メゾ－ミクロの区別と関係などの議論がどの程度意識され、深められてきたのかが問われる。今後は個別的、具体的な社会政策の分野に沿っ

てマクロ−メゾ−ミクロがどのように配置されるかを見極めるという、ある意味で初歩的な作業が必要とされる。

(2)「福祉の生産モデル」とロジックモデル

「福祉の生産モデル」はヒルとブラムリー（Hill & Bramley 1986）によって開発されたものであり（ミッチェル 1993）また、後でふれるロジックモデルなどとも共通する考え方である。このモデルについて、以下の2点を確認しておきたい。

第1に、これはインプットに始まり生産とアウトプットを経て成果（アウトカム）に至る道筋とそれぞれのステージの構造と構成要素を明らかにしたものであるが、それ自体としては因果関係を示すものではなく、また、評価の基準を指し示すものでもない。ただ、生産モデルの図式に、それぞれのステージの時系列の変化や国際比較上の特徴などの数値を組み込むことで有益な情報を引き出すことができる。たとえばインプット指標の社会保障給付費／GDP の割合が戦後どのように変化してきたかや日本とヨーロッパ、アメリカの間でその割合を比較することができる。さらに所得再分配の場合のアウトカム指標である貧困削減率や再分配効果などを同じように時系列データや国際比較データで確かめることができる（ミッチェル 1993）。

第2に、これらの4つの段階をそれぞれ個別に取り扱うと同時に、インプットとアウトカム、生産とアウトカム、アウトプットとアウトカムを関連づけて検討することも可能である。

図表序−4　福祉の生産モデル

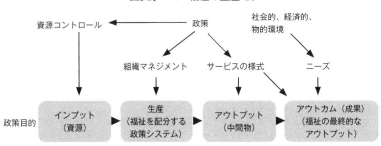

出所）埋橋（2011）p.3 を一部修正

それぞれのステージ間の関係（因果関係を含む）を探ることは可能であり、また、別個設定される評価基準で一連の道筋を評価することも可能である。たとえばミッチェルは、10 カ国について福祉努力（インプット、社会保障給付費／GDP）と福祉成果（アウトカム、貧困減少率や再分配効果）の回帰分析をもとに所得移転システムの「効率性」を測っている（ミッチェル 1993、第10、11 章）。このモデルはそうした利用のための分析枠組みを提供するものである。

　プログラム（評価）理論の中のロジック（論理）モデルは、「福祉の生産モデル」と類似したインプット、アクティビティ、アウトプット、アウトカム（初期、中期、長期あるいは近位、遠位に分けたりする）、インパクトという 5 つの構成要素からなる。しかし「福祉の生産モデル」と異なって、これらの要因間の関係性を "if-then" つまり、もし〜ならば〜するという仮定と（その下で想定あるいは期待される）結果、つまり論理を示す。したがって、もし 5 つの要素の間にある 4 つの仮定「もし〜ならば〜する」のどれか一つでも論理的な矛盾があったり、現実にそぐわないものであったならば、期待される効果を得られないことになる。

　ここで注意したいのは、図表序 − 5 が示しているように、プログラムが期待通りの成果を収められない理由には、大きく分けて、①そもそもの仮定で示される理論（セオリー）に無理がある場合と、②仮定されたようには正しく実践されなかった場合の 2 つが考えられるということである。前者を評価するのをセオリー評価、後者を評価するのをプロセス評価といい、またそれとは別個に

図表序 − 5　理論の失敗とプログラム（活動実施上）の失敗

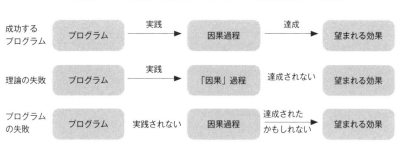

出所）ワイス（2014）p.168

「プログラムは対象集団に対してどのような影響を与えているか」を問うアウトカム評価もある（石橋ほか2018）。

　このようにみてくると、本序章ではこれまでの社会政策研究を振り返って「政策効果や政策評価に関する問題意識」が希薄であることを指摘したが、実は政策評価は、効果や結果だけに関係することではなく、政策が依って立つ理論的根拠や政策の実施過程にも関係することだということが判明する。ここでは、インプットからアウトプットまでは実施者側のコントロールが及ぶ範囲であることを確認しておきたい。以下の引用文は、プロセス評価の重要性を指摘したものである。

　　「ブラックボックスのような評価もある。アウトカムに関わるデータのみが集められ、プログラムの中で何がおこなわれたかを把握しておらず、途中のプロセスが不透明になっている。……アウトカムが期待されたものに達していなかったとしても、評価者はなぜそのような結果が導かれたのか、理由が分からない。これでは評価者は、評価結果に基づく提言をする段になると苦境に陥る。明らかに何かうまくいっていないのは確かであるが、何をすることによって改善できるのであろうか……」（ワイス2014、p.373）

　実際に子どもの貧困対策についての政策評価を試みたが（第1巻第9章「子どもの貧困対策の指標を考える」を参照）、子どもの貧困対策大綱（2019年に改訂）には、計39ある指標の内わずか5つだけが「活動の実績（アクティビティとアウトプット）」に関するものであり、残り34はすべてアウトカムに関するものである。つまり、アクティビティとアウトプットの指標があまりにも少なく、アウトカムを実現する「方法」が不明になっている。これではなぜ所期の成果が得られなかったのかを解明する手掛かりが見いだせなく、まさしく「ブラックボックスのような評価」にならざるをえない。少子化対策などでは、逆に、活動の実績（アクティビティとアウトプット）は多いものの政策目標とも関連するアウトカムの設定があいまいになっているという（第1巻第6章「少子化社会対策の整合性を問う－政策の包括的評価に向けて」を参照）。こう

した状況ではロジックモデルを用いたセオリー評価をすること自体が難しくなる。

(3) プログラム評価階層と評価クエスチョン

　上でふれたロジック（論理）モデルはプログラムの論理性と説得性をチェックするために用いられるが、それは「5段階のプログラム評価階層」（図表序－6）の下から2番目に相当するものである。

　この評価階層の出発点（最下位）にはプログラムのためのニーズアセスメントが位置し、その上にこの「デザインと理論のアセスメント」がある。このデザインと理論のアセスメントは上で述べたセオリー評価に該当し、その上の「プロセスと実施のアセスメント」がプロセス評価であり、「アウトカム／インパクトのアセスメント」がアウトカム評価に相当する。最上位に「費用と効率のアセスメント」が位置する。

　この評価階層については「アウトカムをアセスメントするインパクト評価に着手するには、評価階層でその下に位置するアセスメントから満足な結果が得

図表序－6　5段階のプログラム評価階層

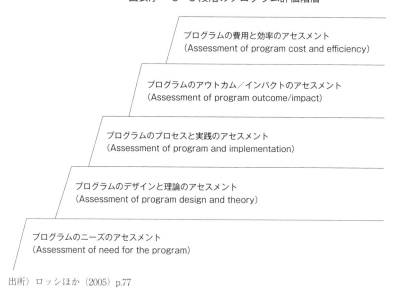

プログラムの費用と効率のアセスメント
(Assessment of program cost and efficiency)

プログラムのアウトカム／インパクトのアセスメント
(Assessment of program outcome/impact)

プログラムのプロセスと実践のアセスメント
(Assessment of program and implementation)

プログラムのデザインと理論のアセスメント
(Assessment of program design and theory)

プログラムのニーズのアセスメント
(Assessment of need for the program)

出所）ロッシほか（2005）p.77

られていることが前提になる」（前掲書 pp.78-79）。そうした階層ごとの評価を繰り返し、積み上げていくことで総合的な評価が可能になる。

　ただし、このことは5段階の評価すべてが揃わなければ評価ができないことを意味しているわけではない。李（2019）は出発点のニーズアセスメントの観点から韓国認知症対策の政策評価をおこなっているし、プロセス評価を丹念におこなうことによって「明らかに何かうまくいっていないのは確かであるが、何をすることによって改善できるのであろうか」という問いへの答えを見つけることができる。

　それぞれの評価階層にそった以下のような「評価クエスチョン」（ロッシ前掲書 pp.74-75 から一部抜粋）を社会政策の個々の具体的な分野で立て、それにこたえる形で政策評価の第一歩を歩めることができる。政策評価を試みる際に踏まえるべき重要な点は、試みようとする評価が5段階のどこに位置するかに自覚的であることである。

①ニーズアセスメント
－扱われるべき問題の性質と強度は何か。
－ニーズのある集団の特徴は何か、また、その集団のニーズは何か。
－どのようなサービスが必要なのか。
②プログラム理論のアセスメント
－最良のサービスの提供方式は何か。
－そのプログラムに対してどのような資源が必要であり、また適切であるのか。
③プログラムプロセスのアセスメント
－利用者はサービスに対して満足しているか。
－行政、組織、および個人はうまく機能しているか。
④インパクトアセスメント
－アウトカムのゴールや目標は達成されているか。
－そのサービスは受益者に対して副作用効果をもっているか。
⑤効率アセスメント
－資源は効率的使われているか。
－便益の大きさに対する費用は妥当であるか。

しかし、マクロの社会政策の場合は、より小規模な施策（プログラム）や事業（プロジェクト）評価と異なって、④のインパクトアセスメントやそれを踏まえた⑤効率アセスメントをおこなうのは非常に困難である。というのも、厳密なアウトカム評価のためには、政策介入の実質効果以外に外生要因やデザイン効果なども考慮に入れる必要があるが、計8つもあるといわれる外生要因をコントロールすることは不可能であるからである（安田・渡辺2008、pp.113-116）。もちろん、より小規模な事業（プロジェクト）の場合、「因果推論の理想形」といわれるランダム化比較試験（randomized controlled trial）を用いて外生要因をコントロールすることは可能であるが（中室・津川2017）、より範囲が広く規模が大きい政策（policy）の場合、費用と時間の点からそれは事実上不可能である。それゆえに下記の引用文にあるように「折り合いをつける」ことが必要になってくる。

　「大規模なプログラムあるいは政策やキャンペーンなどの評価の場合は、無作為化を用いるのは事実上不可能である。したがって、プログラム（アウトカム）評価では、考えられるそれぞれの外生要因の記述をおこなうなどして、評価方法や評価デザインとの折り合いをつけることも必要になってくる」（安田・渡辺2008、p.116）。

　「折り合いをつける」とは、厳密な因果関係の確定は不可能であっても、原因と結果、あるいはインプット、アクティビティ、アウトプット、アウトカムの相互の関係についての〈状況証拠を積み重ねる〉ことと理解される。

6．国際比較研究と政策研究

　筆者はかつて次のように述べ、国際比較研究においても重点を政策研究にシフトすべきであると主張したことがある。

　「比較研究と政策研究との関係は、これまで次のような2つの段階を踏んできた。1. 特定先進国の制度・事例の移植・導入の段階（＝キャッチアップの段階）、2. 多国間比較や類型論を通しての自国の特徴や位置づけ

をめぐる「自省」の段階……今後の国際比較研究は、豊富な海外の事例や
　その長所、短所を認識しながら、また、国際比較という鏡に映る自国の姿
　を見ながら、今後の進行に関する政策論の展開に貢献するという役割をこ
　れまで以上に期待されることであろう」（埋橋 2008、p.68）

　今、振り返れば、何故そのシフトが必要なのかの説明抜きの一方的宣言で
あったようにも思われる。補足説明しておけば、次のようになる。
　エスピン・アンデルセンの脱商品化や階層化の概念などは当該国・地域の
〈社会分析〉から生み出されたものであるが、それはたとえば３つのレジーム
の国で採られてきた〈政策〉とどのような関係にあるのか。政策がダイレクト
に脱商品化の程度を決めたとは言えないであろう。というのも政策が働きかけ
る初期条件たる〈社会そのもの〉も脱商品化の程度に影響すると考えられるか
らである。そういう意味で〈政策〉がすべてを決定するわけではない。しかし、
少なくとも両者、つまり政策と脱商品化の程度との間には何らかの関係があっ
たとみるべきであろう。
　エスピン・アンデルセンの類型論が静態的であると批判されてきたが、その
動態化にあたっては、①類型の形成期における動態、および、②これからの類
型の変化に関する動態という、２つの側面からのアプローチが考えられる。前
者は歴史的考察を伴なうものであり、後者は政策的考察が避けられない。筆者
たちの関心は後者にある。後者の変化＝動態化は、〈取り巻く環境そのものの
変化〉と〈政策〉によってもたらされる。ポスト・エスピン・アンデルセン
（ポスト「三つの世界」論）にはいくつかのアプローチが考えられるが、政策
を真正面から検討することで比較福祉国家論（福祉国家の国際比較研究）の一
つの刷新（動態化）が図られるのではないか、というのが上の引用文の背景に
あった考えである。[3] 政策研究にあっても国際比較というアプローチは、次の引
用文が示すように、当該国の特徴を引き出すのに有効な方法であり、多様な選
択肢を視野に入れて検討できるという意味でたいへん参考になる。それぞれの
国・地域の〈社会分析〉と重ね合わせることで実効性のある論議が可能になる。

　「国際比較研究により……日本の特色を明らかにすることが可能になると

ともに、それを踏まえて、福祉国家の再構成の方向性を議論することが可能になるかもしれない」（三重野・平岡 2000、前掲書 p.3）

　次に、本書第 2 巻の執筆者である崔榮駿（延世大学）の国際比較に関する指摘を引用する。

　　「政策レベルの制度の比較を越え、アウトカムの比較に研究を広げる必要がある。制度の導入と拡大そのものが社会的リスクを自動的に減らすわけではない。制度の構造と配置により異なる結果がもたらされるのである。各国の発展がどのような成果を生み出しているかを「指標化」しつつ、EU の「Open Method Coordination」のような自発的な同僚学習（peer review）を進めてはどうだろう。東アジアの社会政策は、制度そのものの発展を越え、人々のライフを実際に幸せなものにする必要に迫られている。」「アウトカムの比較のためには、比較可能なデータと統計が確保される必要がある。……」
　　「比較研究は、より深い理論的領域に入っていく必要がある。……」（崔榮駿 2020、p.40）

　上の指摘は、以下の 5 点で筆者と共通した問題意識を見て取れる。本書で崔氏に章の執筆を依頼した所以である（第 2 巻第 7 章）。
　①制度の導入と拡大を越えた議論の広がりを強調していること
　②アウトカム、成果への注目が共通していること
　③「ライフの幸せ」を目的に掲げており、規範的な裏付けをもっていること
　④指標化の意義を強調していること
　⑤‘ライフ’はたとえば「生活の質（QOL）」などで測ることができること

7．新機軸の福祉政策論を拓く

　これまで述べてきたところからも、本書が、先行研究が踏み込んでおらず、また、不十分にしか分析できていない福祉政策分析の領域に踏み込もうとして

いることがわかるであろう。公共政策学やプログラム評価理論が蓄積してきた成果を大胆に摂取しその応用に努めること、ロジックモデルのどの段階、5段階のプログラム評価階層のどこに注目して政策分析を進めているかについて自覚的であること、マクロの政策（policy）のアウトカム評価については、種々の制約や環境との「折り合い」をつけながら、国際比較を含む多様な視点からの推論を重ねること、などである。

　本書は以上のような趣旨のもと、第1巻「少子高齢化のなかの福祉政策」の第1部で、少子高齢化が進展するなかでの高齢者福祉を取り上げる。そこでは、介護保険と高齢者福祉サービスをめぐる政策評価が、ロジックモデルやドナベディアンのモデルなどに依拠しつつおこなわれる。第1章と第2章が日韓の介護保険制度の政策評価、第3章〜第5章が高齢者福祉サービスの評価にあてられている。

　第2部では、少子化社会対策（第6章）と子どもの貧困対策（第7章〜第9章）の政策評価が試みられる。政策の立案過程や実施過程に注目し、それぞれが政策評価の観点からはいくつかの大きな問題点があることが示される。対策の実施上欠くことのできない政策指標がそれほど十分に吟味されたうえで決められていないことに警鐘を鳴らしている。

　第2巻「格差と不利／困難のなかの福祉政策」の第1部で、日本における社会保障の所得再分配機能（第1章）、障害者・生活困窮者政策の動向（第2章〜第5章）を取り上げる。そこでは、今後、第1次所得分配の格差が増した場合に必要になる改革の方向が明らかにされ、また、かなり充実してきたとはいえ、政策や支援の狭間（はざま）などが存在することを踏まえ、政策の実効性を測り、また、増進させるための指標が提言される。

　第2部「東アジア／取り組みの最前線」では、まず「第2部【1】韓国の経験と実験」で、福祉政策研究が国際比較研究とどう重なり合い、形作られていくかが日韓比較を通して明らかにされる。フォーカスされる政策はベーシックインカムである。第6章では日本と韓国のベーシックインカムをめぐる「温度差」がなぜ生まれてくるかが解明され、第7章では、「エビデンスに基づく政策」と「イデオロギーに基づく政策」との相克が描かれる。次いで「第2部【2】中国における格差問題と政策的対応」で中国における最新の所得再分配政

策の動向が解明される。第8章は伝統的な福祉政策の分野である生活保護制度を通した再分配の政策評価を論じ、第9章は著名な経済学者である厲以寧が提唱した「第3次分配」（個人や団体が自発的な寄付などで富を第三者に分け与えること）を論じている。

　なお、従来、福祉政策をめぐる海外の事例研究や国際比較研究では欧米諸国が取り上げられることが多かったが、本書では、韓国と中国における福祉政策を検討している。福祉政策を東アジアの文脈で捉えること、東アジアの文脈で日中韓3カ国の位置や異同、特徴を確定していくこと、日中韓3カ国の相互の対話と交流を促進すること、これらも本書が挑戦する新機軸の一つである。

手にとって読んでほしい5冊の本

1. 秋吉貴雄（2017）『入門　公共政策学－社会問題を解決する「新しい知」』中公新書
　　社会問題の発見から解決策の設計、決定、実施、評価、改善までを丁寧に解説。政策評価論の基本も学べる。

2. 埋橋孝文（2011）『福祉政策の国際動向と日本の選択－ポスト「三つの世界」論』法律文化社
　　筆者が国際比較研究から政策研究へと乗り出し始めた時期の本。ワークフェア、メイキング・ワーク・ペイ、ディーセントワークという3つの（カタカナ表示）政策を軸に議論を展開している。

3. 埋橋孝文（編著）（2020）『どうする日本の福祉政策』ミネルヴァ書房
　　社会問題を描写するだけの研究の時代は終わっている、どのような政策をとればよいのか、その答えが求められている―という問題意識で編まれた本。

4. デボラ・ミッチェル（埋橋孝文、三宅洋一ほか訳）（1993）『福祉国家の国際比較研究－LIS10カ国の税・社会保障移転システム』啓文社
　　「福祉の生産モデル」に基づき所得移転政策のアウトカム（福祉成果）をインプット（福祉努力）と関連づけ、クリアカットな結論を得た国際比較研究。絶版で手に入りにくいため図書館を利用して読んでほしい本。

5. ピーター・ロッシ、マーク・リプセイ、ハワード・フリーマン（大島巌、平岡公一ほか監訳）（2005）『プログラム評価の理論と方法－システマティックな

対人サービス・政策評価の実践ガイド』日本評論社

大部の本（418頁）であるが、読めば政策評価の方法が確実に身につく本。説明が丁寧でわかりやすい。

注

(1) 総論部分に限るのはそこで全体としての社会政策の概念や定義が示されるからである。2番目以降に検討する文献についても同じことがいえる。各論部分に立ち入っての検討は今後の課題として残されている。また、やや入門的なテキストに限定しているのも個別の分野を掘り下げる傾向のある専門書よりも社会政策の概念や定義にふれている可能性が高いと考えられるからである。

(2) ［アウトカム評価総計］＝［実質効果］＋［外生要因の総計］＋［デザイン効果］であるが、無作為化デザインを用いた評価の場合は［実質効果］＝［介入群の事後テストスコア］－［統制（比較）群の事後テストスコア］±［デザイン効果］となり、外生要因を除去できる（安田・渡辺 2008、pp.111-112）。

(3) ただし、政策研究といっても、当該国・地域をめぐる深い〈社会分析〉を踏まえたものでなければ内容的に充実したものになりえない。この点を鋭く指摘した金（2020）を参照のこと。

第1部

高齢者福祉の政策評価

【1】 介護保険制度の政策評価——日本と韓国　解題

　日本では、2000年4月に高齢者の介護を社会全体で支え合う介護保険制度が創設された。また、日本の介護保険を一つのモデルにした韓国の「老人長期療養保険」（以下、介護保険制度と称する）が2008年7月からスタートした。21年目を迎える日本の介護保険制度、14年目を迎える韓国の介護保険制度はどのような成果を生み、高齢社会にどのようなインパクトを与えているのであろうか。

　両国の介護保険制度の概要は、次表のようになる。

　日本の介護保険制度の基本的な考え方は、自立支援、利用者本位と社会保険方

日本と韓国の介護保険制度の比較対照表

	日　　本	韓　　国
制度の名称	介護保険制度	老人長期療養保険制度
施行時期	2000年4月	2008年7月
導入背景	高齢化の進展 家族の介護能力の減退 老人医療費の増加、老人福祉制度の限界	高齢化の進展 核家族化の進行、女性の社会進出の増加 高齢者医療費の増加
保険者	市町村	国民健康保険公団
被保険者	第1号被保険者：65歳以上 第2号被保険者：40歳以上65歳未満の医療保険加入者	国民健康保険の加入者
財源構成	利用者負担以外は、公費と保険料で2分の1の負担。公費は国と地方自治体が50%ずつ負担	国庫負担20%、介護保険料60～65%、利用者負担15～20%
自己負担の割合	所得に応じて在宅、施設ともに10%～30%	在宅15%、施設20%
保険料	第1号：所得段階別定額保険料 第2号：健保：標準報酬×介護保険料率	医療保険料×4.05%（2008年） 医療保険料×11.52%（2021年）
介護認定	介護認定審査会	等級判定委員会
介護等級	要支援1～2、要介護1～5の7段階	施設1～2、在宅3～5、認知支援等級の6段階
現金給付	なし	あり（島・へき地等で家族療養費）

式を採用することである。全国の市町村が運営主体となって、納められた保険料（50％）と税金（50％）で運営されている。

　介護保険制度は、変化する社会状況に見合った制度を目指し、3年ごとに見直され、制度改正がおこなわれている。これまで6回の改正がされ、近年の改正の方向性は介護予防の強化である。制度創設以来、被保険者、要介護（要支援）認定者、サービス利用者は増加し続けており、介護保険給付費も膨張している。今後、高齢者の増加、家族介護力の低下がさらに進む中で、高齢者の生活に不可欠なものとなった介護保険制度をいかに維持するかということが大きな課題となっている。

　韓国の介護保険制度の保険者は国民健康保険公団である。また、この介護保険制度は医療保険制度を利用しているため、被保険者は国民健康保険の被保険者である。現金給付は、介護事業者がない地域でサービスが受けられない場合と、条件はあるが家族の中で療養保護士という資格を取得した人が事業所に登録して家族介護をする場合に支給される。制度の導入初期に介護人材不足を懸念した結果実現した取り組みであり、日本にはない制度である。

　韓国は、2018年から軽い認知症の症状がある高齢者を対象とする「認定支援等級」を新設し、認知症の進行を遅らせるためのプログラムも提供している。日本と同じように、韓国の介護保険制度の申請者数、認定者数も早いスピードで増加し、少子高齢化により今後も増加することが予想されている。制度の持続可能性を維持するためには財源の確保が必要である。

　日本は2001年に中央政府における政策評価が制度化されたことで、評価の導入が大幅に進展した。政策目的を実現するためのプログラムの実施とその結果の間の因果関係を分析することは、政策評価の本来の機能であると言われるが、介護保険に関する政策評価はこのような機能を発揮しているのであろうか。第1章は、日本の介護保険の法改正のきっかけを探ることを通して、介護保険制度に関する政策評価の現状と政策評価の役割を明らかにする。第2章では、プログラムセオリー評価を分析枠組みにして、ロジックモデルのインプット、アクティビティ、アウトプット、アウトカムという介護政策の各段階に即して、韓国の介護保険制度の政策評価を試みる。

（郭芳）

第1章

日本の介護保険制度に関する政策評価
法改正をきっかけにして

郭芳

グラフィック・イントロダクション

図表 1 − 1　介護保険制度の流れ

出所）筆者作成

　図表 1 − 1 は 2000 年に実施した介護保険制度の今日までの流れを表している。20 年におよぶ介護保険制度は制度の目的の実現に向けて、2020 年まで 6 回の法改正がおこなわれた。また、事業者が利用者に介護サービスを提供した場合に、その対価として事業者に支払われる介護報酬も 3 年に一度改定がおこなわれ、2021 年で 7 回目の改定になる。毎回、介護事業所などの経営動向や賃金、物価水準、介護現場における課題解決などを加味して検討されている。そして、介護保険給付の円滑な実施のため、3 年間を 1 期とする介護保険事業（支援）計画を策定している。現在まで 7 期の介護保険事業計画が実施されてきた。

1.　何が問題か／介護保険の法改正はなぜおこなわれているか

　人口高齢化に伴い、介護や支援を必要とする日本では、1997 年 12 月に介護保険法が成立し、2000 年 4 月に介護保険制度が施行された。介護保険法第 1

条では、介護保険制度の目的を規定している。その規定および介護保険制度の創設時における政府関係者の議論などを踏まえると、介護保険制度の目的は、①介護に対する社会的支援、②要介護者の自立支援、③利用者本位とサービスの総合化、④社会保険方式の導入、の4点に整理される（厚生労働統計協会2019）。

制度の実施状況や社会の変化に伴い、厚生労働省の社会保障審議会の介護部会が介護保険制度全般を、介護給付費分科会が介護報酬や運営基準等を検討し、そこでの議論に基づいて法改正や介護報酬改定の方針が決められる。では、厚生労働省の議論はどのようなものがあるか。法改正の背景にどのような社会の変化があるか。一定の介護政策評価を受けた上での改正であるのか。本章では、介護保険の法改正のきっかけを探ることを通して、介護保険制度に関する政策評価の現状（方法や指標）を明らかにする。また、これらの評価はどのような役割を果たしているかをロジックモデルに当てはめて検討する。

2. 介護保険法改正の根拠を探る

（1）法改正の経緯

介護保険法はあらゆる高齢者のニーズに対応すべく、3年に1度のペースで法改正をしている。直近では、2020年に改正された。2000年4月に施行された介護保険法は、これまでおこなってきた法改正と介護報酬改定の主な内容は図表1−2のようになる。

（2）改正の必要を受けて

法律で決まっていることであるが、介護保険制度は改定を前提とした制度である。2000年に施行した介護保険法は、施行から5年後を目途に、必要な見直しをおこなうこととされていた。社会保障審議会の介護部会において、「制度の持続可能性」「明るく活力のある超高齢社会の構築」「社会保障の総合化」を基本的視点として検討を重ね、2005年に1回目の見直しをおこなった。しかし、法律で決まっていること以外に、また何かを根拠に改正のポイントが決められていると思われるが、たとえば、社会の変化や高齢者のニーズの変化に

図表1−2　介護保険制度改正の主な内容

	法改正の主な内容	報酬改定率	報酬改定の主な内容
2005年改正	①介護予防の重視。要支援者に「介護予防サービス」提供 ②施設給付の見直し。施設入所の住居費、食費相当部分は全額自己負担 ③地域密着型サービスの創設、介護サービス情報の公表など	▲ 0.5%	
2008年改正	①介護サービス事業者の法令遵守などの業務管理体制の整備 ②事業を廃止・休止する事業者に事前報告義務	3.00%	
2011年改正	①「地域包括ケアシステム」の推進。介護予防・日常生活支援総合事業の創設 ②介護職員による痰の吸引等。有料老人ホーム等における前払金の返還に関する利用者保護 ③介護保険事業計画と医療サービス、住まいに関する計画との調和。地域密着型サービスの公募・選考による指定を可能になど	1.20%	処遇改善は +2.0%、その他は▲ 0.8%
2014年改正	①在宅医療・介護連携の推進などの地域支援事業の充実と合わせ、予防給付を地域支援事業に移行 ②一定以上の所得のある利用者の自己負担を2割へ引き上げ ③特別養護老人ホーム新規入居者は原則要介護3以上	▲ 2.27%	9年ぶりの引き下げ
2017年改正	①保険者機能の強化（データによる課題分析、実績評価等） ②新たな施設「介護医療院」、新たな共生型サービスの創設 ③自己負担3割の導入と介護納付金における総報酬割の導入	1.14%	処遇改善を前倒し実施
2020年改正	①地域住民の複雑化・複合化した支援ニーズに対応する市町村の包括的な支援体制構築支援 ②地域の特性に応じた認知症施策、介護サービス提供体制の整備 ③介護人材確保および業務効率化の取り組みの強化		

出所）厚生労働省資料を参考に作成

応じて制度を改正するなど、その背景にあるものはどうなっているのであろうか。

1）保険の給付抑制

　介護保険制度のスタートに当たって各地で利用者の掘り起こしがおこなわれたが、発足直後から供給サイドの整備は急速に進み、事前の政府予測をはるかに上回る勢いで介護需要が急増した。そこで、三年目の2003年には利用抑制に転じていた。その後も介護報酬減額（1回目の介護報酬マイナス改定（▲0.5％））や同居家族への利用制限など「不適切利用」への指導が続いた（服部2020）。また、2005年には要介護1を介護保険から外して要介護支援1・2へ、2005年改正において、施設入所におけるホテルコストの自己負担化などの給

付費抑制政策が導入された。

　2014年の介護保険法改正時には、医療保険関係の法律とともに合計19もの法律が改正された。そのなか、2014年に医療介護総合確保推進法が成立し、介護分野では、一定所得以上の人の介護保険の自己負担を現行の1割から2割に引き上げることとした。医療・介護の法律改定を受け、翌2015年におこなわれた第5回介護報酬改定はマイナス2.27％となり、実質史上最大のマイナスとなった。給付の効率化・重点化という2015年の改正内容であるが、やはり介護保険財政の膨張を抑えるための見直しであった。

　2017年、5回目の介護保険法の改正でも、介護保険制度の持続可能性の確保が強調され、自己負担3割制の導入をした。2020年、最新の法改正では、特別養護老人ホームなどを利用する低所得者の自己負担引き上げ、高所得世帯の自己負担上限の引き上げが実施された。

2）コムスン事件

　2008年の法改正のポイントの一つは介護事業者の管理システムの強化であるが、背景にはコムスン事件があった。コムスンは介護保険制度の開始後に、全国で1500カ所の事業所で参入した業界の大手である。2007年、東京都がコムスンに改善勧告を出した。コムスンは事業所指定を取り下げることで「処分逃れ」をした。また、数カ所の訪問介護事業所でヘルパー人数の水増しが発覚し、結果として、2007年から5年間指定更新が受けられなくなった。そのためコムスンは都道府県ごとに売却され、介護事業から撤退し、2009年に解散した（服部2020）。この事件を受けて、2008年改正では「法令遵守」はキーワードになった。

3）制度の利用状況と人口構造の変化

　2011年の介護保険法改正は、地域の包括的な支援・サービス提供体制を構築するとした。その背景には、介護サービスの利用状況の変化と世帯構成の変化がある。2010年に介護認定者が487万人、サービス利用者は400万人になり、在宅でサービスを利用する人が71％になった（2010年介護保険事業報告）。2008年の国民生活基礎調査では、高齢者世帯は高齢者夫婦のみが30％、独居が22％。親と独身の子の二人暮らしが18％と、在宅の介護力が乏しい世帯が70％に達した。こうした状況のなか、国は、市区町村に日常生活圏域を設定し、

複数のサービスを地域限定でパッケージ化する地域包括ケアを打ち出した。このように、介護保険サービスの利用状況や人口構造の変化などの外部環境も改正につながることがあった。

　上記で見てきたように、介護保険制度開始から20年、介護給付増に対応した自己負担額の増加に取り組みつつ、事件をはじめ、様々な課題に対応する制度改正が実施されてきた。相次ぐ改正の背景には、介護保険の給付抑制があった。また、人口構造の変化や利用者状況の変化、関連法律の改正など、様々な外部環境の変化は、介護保険制度を導入時のままに維持することを困難にしている。介護保険が効率的に機能するためには様々な条件が必要であり、環境の変化に応じた保険制度の見直しがつねに求められることになったのではなかろうか。

　一方、立案された政策が効果的に実施されているかを検証する政策評価がある。給付抑制や外部環境の変化に応じて改正がおこなわれた介護保険制度であるが、その改正の背景に介護政策に関する政策評価の影響はないか。あるとしたら、どのように影響しているか。次に政策評価の視点から介護保険法改正の根拠を探ってみる。まず3節では介護保険に関する政策評価の現状を整理した上、4節ではロジックモデルを通して介護政策評価の役割を検討する。

3. 介護保険に関する政策評価の現状／政策・施策・事務事業の三つの区分から

　政策評価は、政策を対象とするものであるが、この政策の範囲については、一般に、「政策」「施策」および「事務事業」と区分している（総務省）。このような三つの区分について整理すると、以下のとおりである（図表1－3）。

　「政策」は、特定の行政課題に対応するための行政活動の基本的な方針を示すものであり、この基本的な方針の実現という共通の目的をもった行政活動の大きなまとまりと捉えることもできる。介護保険制度の場合、制度そのものは一番上の政策になるだろう。基本的な方針は介護保険法の基本理念（「加齢に伴って生ずる心身の変化に起因する疾病等により要介護（支援）状態になった者が、尊厳を保持し、自立した日常生活を営むこと」）に当たると考える。

図表1－3　行政評価の仕組みと介護政策体系

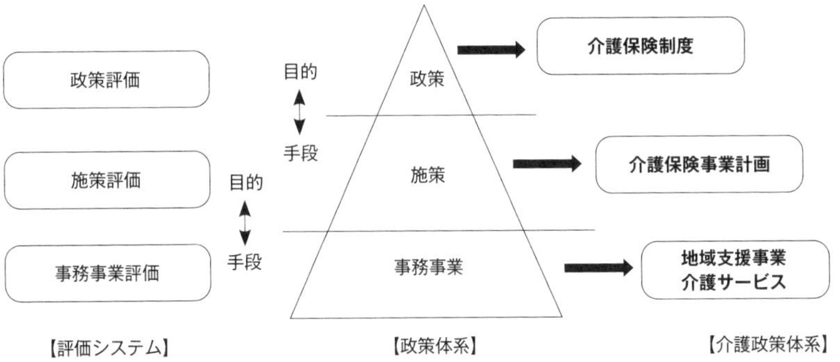

出所）西出（2020）p.30 を参考に筆者作成

　「施策」は、上記の「基本的な方針」を実現するための具体的な方針であり、この具体的な方針の実現という共通の目的をもった行政活動のまとまりと捉えることもできる。介護政策領域では、介護保険事業（支援）計画は施策になる。

　「事務事業」は、上記の「具体的な方針」を具現化するための個々の行政手段としての事務又は事業である。このような事務や事業は、行政活動の基礎的な単位となるものである。介護保険制度の場合、地域でおこなう、支援を必要としない自立の高齢者向けの地域支援事業と要支援の高齢者向けの介護予防サービス、介護現場で提供されている介護サービスのことになる。

　次にこの三つの区分から介護保険政策に関する評価の現状をみる。

（1）介護保険制度に関する評価

　総務省による行政評価・監視がある（総務省行政評価局）。2002 年に「介護保険の運営状況に関する実態調査」、2008 年に「介護保険事業等に関する行政評価・監視」、2018 年に「介護施策に関する行政評価・監視」を実施してきた。2002 年の実態調査は、介護サービスの実施状況、保険料の徴収状況等介護保険の運営状況を明らかにするため実施したものである。2008 年の行政評価・監視は、介護保険事業の安定的・継続的な実施の確保および保険給付の適正化並びに有料老人ホーム等における入居者保護の観点から調査を実施した。2018 年の行政評価・監視は「高齢者を介護する家族介護者の負担軽減対策」を中心

としている。総務省は毎回の行政評価・監視の結果に基づき、関係府省に対して勧告を出し、勧告先は勧告に対して改善措置を講じるという流れで政策に反映している。

また、厚生労働省による事前評価がある（厚生労働省政策評価）。厚生労働省の実施施策に係る政策評価の事前分析表の項目に「基本目標 XI 高齢者ができる限り自立し、住み慣れた地域で自分らしく、安心して暮らせる社会づくりを推進すること」の XI-1-4「介護保険制度の適切な運営を図るとともに、質・量両面にわたり介護サービス基盤の整備を図ること」がある。この項目を通して目標達成状況を評価していることがわかる。

(2) 介護保険事業計画に関する評価

介護保険給付の円滑な実施のため、3 年を一期とする介護保険事業（支援）計画を定めることとしている。具体的な内容は、区域 (日常生活圏域) の設定、各年度における種類ごとの介護サービス量の見込み、必要定員総数、地域支援事業の量の見込み、介護予防・重度化防止等の取り組み内容および目標となっている。

1）介護保険事業計画策定・実行時に用いる評価システム

保険者が着実に計画を実行するためには、現状分析に基づいて実行状況を随時検証する。これまで、現状分析を支援するためのツールとしては厚生労働省が運用する介護政策評価支援システムがある。このシステムについては、従前より、NPO 法人地域ケア政策ネットワークが運用していたが、2011 年度より厚生労働省老健局が開発、運用をおこなうこととなった（厚生労働省老健局総務課 2011）。本システムの指標としては、①保険給付と保険料のバランス分析、②認定率のバランス分析、③要介護度別のサービス利用のバランス分析、④サービスのトータルバランス分析、⑤要介護度別の居宅サービス利用者の給付単位数分布の分析、⑥ケアプランを考える、⑦個別サービスを考えるなどがある。本システムで提供する情報は地図およびグラフによって「見える化」し、各保険者間、日常生活圏域間の比較を直感的に分析できるようになった。

介護政策評価支援システムによる情報提供をすることにより、従来以上に保険者の介護保険事業運営を総合的に支援することが可能になった。このような

ことから、各地方自治体がそれぞれの地域の特性にあった地域包括ケアシステム構築に向けて、有益な情報を国民も含めて広く共有することによって総合的な支援を推進する。2013 年に厚生労働省は地域包括ケア「見える化」システムのプロトタイプを構築し、2014 年より運用を開始し、2015 年 7 月より始動した（厚生労働省老健局介護保険計画課 2017）。地域包括ケア「見える化」システムは介護政策評価支援システムの評価指標を援用しながら、認定率、受給率、受給者 1 人あたり給付費を用いて分析をおこなう。要介護認定情報から認定率、受給率のデータ、介護保険給付費明細書情報から給付費のデータを調べないといけないため、官庁統計の整備（介護保険総合データベース）はこのシステムが運用できる前提になるといえる。本システムは始動以降、一部の機能を除いて誰でも利用することができるようになった。

2) 介護保険事業計画の評価

2017 年地域包括ケア強化法において、高齢者の自立支援・重度化防止等に向けた保険者の取組や都道府県による保険者支援の取組が全国で実施されるよう、PDCA（Plan（計画）− Do（実行）− Check（評価）− Action（改善））サイクルによる取組を制度化した。第 7 期介護保険事業計画の策定・実施に際しては、国は地域課題の分析、課題・目標の設定、目標達成のための取組内容の設定、取組内容の効果の把握、分析・評価（PDCA サイクルの運用）をおこなうことを求めてきた。PDCA サイクルの効果確認作業においては、まずは設定した目標を達成できたかどうかを確認する。次に、その要因を分析する。介護保険事業計画は、3 年に一度の作成であるから、地域の目指すべき方向性や、その実現に向けた方針の見直しとしては、3 年毎のほうが適しているため、PDCA サイクルのスケジュールも一年目に前期計画の実績、2 年目に今期の初年度実績、3 年目に次期の計画作成と 3 年単位となっている。

介護保険事業計画の進捗管理の方法として、全国的に共通する 3 つの指標がある。それは、介護保険事業計画上のサービス見込み量などの計画値、自立支援・重度化防止などの「取組と目標」、保険者機能強化推進交付金に関する評価指標である（厚生労働省老健局介護保険計画課 2018）。

サービス見込量の進捗管理方法は地域包括ケア「見える化」システムの活用とサービス見込量の進捗管理のためのシート（認定率の比較、受給率の比較、

受給者1人あたり給付費の比較、サービス提供体制に関する現状と課題）がある。

　自立支援・重度化防止の「取組と目標」が計画の必須記載事項となっている。各自治体は設定した「目標（事業内容、指標等）」の記載内容について、ストラクチャー・プロセス・アウトカム指標のそれぞれが設定されている。各指標の概要と指標例は図表1－4に示されている。三菱総合研究所は、第7期の事業計画において、ストラクチャー・プロセス指標がほぼすべての取組で設定されるとともに、半数超の取組においては数値目標も設定され、自己評価がなされていることが把握された。具体的な（数値）目標を設定し、その定期的な評価に基づいてPDCAサイクルを継続的に回すことの重要性について、市町村に一定程度意識されたものと述べられている。一方で、アウトカムを意識した評価を実施している取組は、概ね10％以下と低い状況にあった（三菱総合研究所2020）。

　取組と目標に関する自己評価として、自己評価シートを活用している自治体がある。シートの内容について、フェイスシートと各年度の自己評価結果となっている。フェイスシートにタイトル、現状と課題、前期の事業計画における具体的な取組、目標（事業内容、指標等）、目標の評価方法があり、自己評価結果にその年度の実施内容、自己評価結果、課題と対応策がある。

　自治体への財政的インセンティブとして、市町村や都道府県の様々な取組の達成状況を評価できるよう客観的な指標を設定し、市町村や都道府県の高齢者の自立支援、重度化防止等に関する取組を推進するための新たな交付金が創設された。それが保険者機能強化推進交付金である。交付金に係る主な評価指標（市町村分）は図表1－5に示されている。

　上記に述べたように、介護保険事業計画に関する策定時の評価システムと改善のための事業評価はいくつか存在する。しかし、各年度における計画の達成

図表1－4　目標に関する指標例

指標	概要	指標例
ストラクチャー指標	実施体制を測る指標	拠点数・従事者数（職種別）、等
プロセス指標	実施過程を測る指標	実施回数・参加者数、等
アウトカム指標	期待される効果・成果を測る指標	取組参加者の状態を表す指標・満足度、等

出所）三菱総合研究所（2020）p.11

図表 1 - 5　保険者機能強化推進交付金に係る評価指標（市町村分）

評価目的	指標例
① PDCA サイクルの活用による保険者機能の強化	地域包括ケア「見える化」システムを活用して他の保険者と比較する等、地域の介護保険事業の特徴を把握しているか　等
②ケアマネジメントの質の向上	保険者として、ケアマネジメントに関する保険者の基本方針を、ケアマネジャーに対して伝えているか　等
③多職種連携による地域ケア会議の活性化	・地域ケア会議において多職種が連携し、自立支援・重度化防止等に資する観点から個別事例の検討をおこない、対応策を講じているか ・地域ケア会議における個別事例の検討件数割合はどの程度か　等
④介護予防の推進	・介護予防の場にリハビリ専門職が関与する仕組みを設けているか ・介護予防に資する住民主体の通いの場への 65 歳以上の方の参加者数はどの程度か　等
⑤介護給付適正化事業の推進	・ケアプラン点検をどの程度実施しているか ・福祉用具や住宅改修の利用に際してリハビリ専門職等が関与する仕組みを設けているか　等
⑥要介護状態の維持・改善の度合い	要介護認定者の要介護認定の変化率はどの程度か

出所）厚生労働省（2019）「保険者機能」p.2

状況の点検・評価の重要性が自治体においてまだ十分に理解されていない。また、第 7 期から PDCA サイクルの運用が求められたところであるため、すべての保険者は第 7 期の自己評価を踏まえた第 8 期事業計画を策定したわけではない（三菱総合研究所 2021）。たとえば、地域支援事業の一つである総合事業実施効果の点検・評価をおこなっている市町村は約 3 割であると報告されている（NTT データ経営研究所 2019）。今後、評価の基本的な考え方や方法などについて、市町村および都道府県への浸透を促進しなければならない。

（3）地域支援事業と介護サービスに関する評価

地域支援事業の評価手法（図表 1 - 6）については、「地域支援事業実施要綱」に実施すべき基本的内容等が規定されているほか、在宅医療・介護連携推進事業や認知症支援総合事業等、地域支援事業を構成するそれぞれの事業について、個別にガイドラインや手引き等が策定されており、その中でそれぞれの事業の評価をおこなうための観点や枠組み、評価指標の例が示されている。しかし、自治体の実際の実施状況についての統計がなく、実状は不明なところが

図表 1 － 6　地域支援事業に関するガイドライン等

地域支援事業の種類	各事業の実施・評価手法等に関するガイドライン
介護予防・日常生活支援総合事業	「地域支援事業実施要綱」 「介護予防・日常生活支援総合事業のガイドライン」
在宅医療・介護連携推進事業	「在宅医療・介護連携推進事業の手引き　Ver2」
地域包括支援センターの運営	「地域包括支援センターの設置運営について」
認知症総合支援事業	（関連）「認知症初期集中支援チーム員研修テキスト」 （関連）「新オレンジプラン」

出所）富士通総研（2018）参考資料「地域支援事業の評価について」p.2

図表 1 － 7　介護サービスに関する評価

	評価目的	制度特徴	実施主体	評価対象
指導監査	行政が、介護サービス事業者の指定基準などの遵守状況を確認する。介護保険事業の運営が健全かつ円滑におこなわれるように指導する（介護保険法5条2）。	介護保険法に法定された制度。 義務	都道府県知事	すべての介護保険サービス事業所
介護サービス情報の公表	利用者による事業者の選択を保障することにより、介護保険の基本理念「利用者本位」「高齢者の自立支援」「利用者による選択」を実現する。	介護保険法に法定された制度。 義務	国、都道府県・市町村、民間団体	すべての介護保険サービス事業所
福祉サービス第三者評価	個々の事業者が事業運営における具体的な問題点を把握し、サービスの質の向上に結び付けるとともに、利用者の適切なサービス選択に資するための情報となる。	評価者が一定の基準に基づいて介護サービス事業者の提供するサービスについて、基準の達成度合いを評価する。 任意	都道府県、公益法人、都道府県社協	福祉サービス全般
地域密着型サービス評価	入居者の安心、サービス水準の維持、社会的信頼を高めること。	「指定地域密着型サービスの事業の人員、設備及び運営に関する基準」第72条第2項等に規定。 義務	都道府県が選定した外部評価機関	認知症高齢者グループホーム、小規模多機能居宅介護

出所）厚生労働省資料（2011）を参考に作成

ある。

　介護サービスに対する需要の増加に伴い、サービスの質の確保と向上への関
心が高まり、各種の介護サービスへの評価に関する議論は続いている。介護
サービスに関する評価制度の種類を図表1－7のように整理した。

　4種類の評価制度の特徴をみると、介護保険法に法定された指導監査、介護
サービス情報の公表と地域密着型サービス評価の実施は義務になっていること
に対して、福祉サービス第三者評価は任意実施である。任意実施の場合、形式
的におこなわれる可能性があり、サービスの質の向上と情報公開の目的につな
がっていくかについて懸念される。介護サービスの質に関する評価制度の内容
はドナベディアン・モデル（ストラクチャー、プロセス、アウトカムから評
価）が用いられている。本書の第3、4、5章がこのテーマを扱っている。

4．介護保険に関する政策評価の役割／ロジックモデルによる 検討

　3節で「政策」「施策」および「事務事業」の三区分に沿って介護保険に関
する政策評価の現状を整理したが、その全体像を図表1－8で示してみた。介
護政策体系の上位階層である介護保険制度は範囲が広くまた抽象度が高いため、
評価の対象とはなりにくい。現状では、総務省による行政評価と厚生労働省に
よる事前評価しかなかった。施策階層である介護保険事業計画において、計画
策定時の介護政策支援システム、地域包括ケア「見える化」システムの活用と
計画の進捗管理時のPDCAサイクルの運用、全国共通の評価指標がある。事
務事業に当たる地域支援事業と介護サービスの区分では、地域支援事業評価と
行政からの指導監査、介護サービス情報の公表、第三者評価と地域密着型サー
ビス評価がある。

　施策・事業の論理的な構造を明らかにしたものとしてロジックモデルがある。
現在実施されている介護に関する政策評価はロジックモデルにおける位置づけ
を整理したのが図表1－9である。それぞれの政策評価が果たしている役割と
して、下記のようになる。

　「インプット」において介護事業計画の策定を通して資源コントロールする。

図表 1 － 8　介護保険の政策体系と行政評価

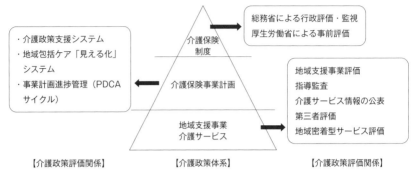

出所）筆者作成

そこで、介護政策支援システムや地域包括ケア「見える化」システムを用いて、各自治体の状況と比較しながら、目標値を設定する。次の「アクティビティ」では、指定基準や指導・監査等で供給組織への規制をおこなうことを通して、実施する事業や提供するサービスの質の確保を目指す。実施した給付（介護保険の場合、現物給付になる）がどのように高齢者に帰着しているのか（「アウトプット」）について、介護保険事業計画の進捗管理を通して各自治体の実績を評価する。

図表 1 － 9　ロジックモデルにおける介護政策評価

```
                    ┌──────────┐      ┌──────────────┐
                    │  介護政策  │      │社会的、経済的、│
                    └──────────┘      │  物的環境      │
                                      └──────────────┘

┌──────────────┬──────────────┬──────────────┬──────────────┐
│ 事業計画策定   │地域支援事業評価│              │              │
│(介護政策支援   │指導監査       │ 事業計画評価   │ 第三者評価の   │
│システム、      │介護サービス情報│ (進捗管理)     │ 利用者評価     │
│地域包括ケア    │の公表         │              │              │
│「見える化」    │第三者評価     │              │              │
│システム)       │              │              │              │
└──────────────┴──────────────┴──────────────┴──────────────┘

┌──────────┐  ┌──────────┐  ┌──────────┐  ┌──────────┐
│資源コントロール│  │供給組織への規制│  │サービスの様式│  │   ニーズ   │
└──────────┘  └──────────┘  └──────────┘  └──────────┘

┌──────────┐  ┌──────────┐  ┌──────────┐  ┌──────────┐
│ インプット  │→│アクティビティ│→│アウトプット │→│ アウトカム  │
└──────────┘  └──────────┘  └──────────┘  └──────────┘
```

【介護政策評価関係】　　　　　【介護政策体系】　　　　　【介護政策評価関係】

出所）埋橋（2011）p.3 を一部修正

さらにその現物給付によってどのように高齢者の福利が改善しているのかは、介護保険の最終的な「アウトカム」になる。アウトカムの評価として利用者評価を位置付けているが、現状として、第三者評価制度は利用者評価をおこなうことが望ましいという位置づけだけで、実施においては都道府県の取り組みに委ねられている。現在の介護政策評価はインプット、アクティビティ、アウトプットのところに対応しているものが多く、インプットやプロセスに関するものが介護保険の政策評価の中心になっている。厚生労働省は2020年から、介護に関するサービス・状態などを収集するデータベース（CHASE）と通所・訪問リハビリテーションデータ収集システム（VISIT）の一体運用が開始され、科学的介護情報システムを用いてアウトカム評価をスタートしたが、システムへの入力することの負担感は大きいため、7割以上の施設、事業者は実施していない（厚生労働省2021）。

　本章は介護保険の法改正をきっかけに介護保険に関する政策評価の現状と役割を検討した。政策・施策・事務事業の区分による様々な政策評価がおこなわれていること、また、実施されている政策評価はロジックモデルにおいてそれぞれの役割を果たしていることがわかった。しかし、これらの政策評価の影響によりその都度の介護保険の法改正がおこなわれたという明確な根拠を見つけることができなかった。また、2節では介護保険の法改正の背景にあるものとして、人口構造、利用者の状況、関連法律の改正などの外部環境の変化と政府の給付抑制の目的があることを明らかにした。ここでも政策評価による影響は法改正の背景の一つとして取り上げられなかった。つまり、介護保険の法改正と一連の政策評価との関連性は明確ではないということである。

　現在、財政不足と人材不足は介護保険制度が直面する2つの課題であると指摘されているが、政策評価の結果に基づいて法改正がおこなわれているというより、直面するこの2つの課題の克服を目的に介護保険の法改正がおこなわれているのではなかろうか。そうだとすれば、介護保険の法改正は、政策目標である「個人の能力に応じた自立した生活の維持・継続（自立支援）」「生きがいと尊厳の保持・向上」の実現との整合性が問われることになる。今後、介護保険事業計画に対する自治体の介護政策評価や、地域支援事業と介護サービスの区分における事業評価、サービス評価の促進および政策評価に基づく事業の立

案が政策の効果を高める上で必要であろう。

5．これから深めていくべきテーマ／政策評価を踏まえた法改正を目指して

　介護費の伸びの抑制が重視された介護保険法改正では、上でふれた2つの課題に対応するにとどまり、どこまで介護保険制度の最終アウトカムに評価の結果を反映できるかが懸念される。

　近年、日本では介護保険の現状分析や政策立案にとって重要なデータが以前より整備されるようになった。たとえば、80％以上の介護保険利用者個人に関する月次パネルデータと、すべてのサービス提供者に関する年次パネルデータが結合可能な形で提供されている（中村・菅原 2017）。どれぐらいの利用者がどのような介護サービスを受けているのかがわかるようになったのである。これらのデータを政策評価の基準にし、そして政策評価の結果に基づく制度改正のあり方に関する研究が期待される。

　その際、アウトカム評価は、政策評価をするうえで、きわめて重要な位置を占めるため、アウトカム評価を拡充する必要がある。杉澤・中谷・杉原（2005）は 2005 年から介護保険制度のアウトカム評価の重要性を伝えている。介護のサービス給付の場合、政府と高齢者を媒介する要素は複雑である。サービス給付の場合、何よりも第一にサービスを担う介護者が必要であり、それを管理する組織、さらにその組織を統御するルールや組織に対する資源配置が必要となる。介護者と高齢者のあいだの関係も、サービスが必要を充足するかどうかの判断も、専門職によるものや当事者参加によるものなど多様である。そのため、アウトカム評価を考慮する際、できる限り関連する多くの要素（福祉専門職や家族・高齢者の理解など）の視点を入れた評価指標が望まれるだろう。そして、満足度というアウトカムには、数値化できないところがあるので、量的データだけではなく、質的データによるアウトカム評価の方法を検討することもこれから深めていくべき研究課題である。

手にとって読んでほしい *5* 冊の本

1. 上野千鶴子・樋口恵子編（2020）『介護保険が危ない！』岩波ブックレット
1024
ケアの専門家、実践家たちの切実な声から実施して 20 年を迎えた介護保険の危
うさを理解できる小冊子である。

2. 社会保険研究所（2021）『地域共生社会の実践のための介護保険制度改正点の
解説』社会保険研究所
介護保険制度の改正点の全体像を図表でわかりやすくまとめている。法令・資
料編もあり、介護に関わる関係者にとっては非常に有益な書籍である。

3. 杉澤秀博・中谷陽明・杉原陽子編著（2005）『介護保険制度の評価－高齢者・
家族の視点から』三和書籍
一つの自治体を対象とした定点観測ではあるが、利用者側である高齢者や家族
の視点に立ち、2005 年の時点から介護保険制度のアウトカム評価の重要性を伝
えている。

4. 中村二朗・菅原慎矢（2017）『日本の介護－経済分析に基づく実態把握と政策
評価』有斐閣
データによる実証分析から介護保険の実態を明らかにした本書は、エビデンス
重視の視点から介護政策を議論している。

5. 森山千賀子・安達智則（2012）『介護の質「2050 年問題」への挑戦』クリエ
イツかもがわ
介護現場からのアプローチだけではなく、介護の質の理論的考察も盛り込んで
いる介護の本質を問う一冊である。

第２章

韓国における老人長期療養保険制度の政策評価
プログラムセオリー評価に着目して

崔銀珠

グラフィック・イントロダクション

図表２－１　本章の全体図

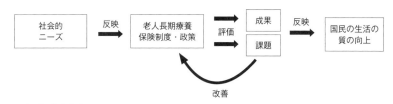

出所）筆者作成

　介護保険制度のサービス供給体制の市場化で注目が集められている「政策評価（＝プログラム評価）」に着目し、2008年に導入された韓国の老人長期療養保険制度を一つのプログラムとして考え、プログラムセオリー評価を分析枠組みに、インプット、活動、アウトプット、アウトカムについて評価を実施した。

　まず、老人長期療養保険制度をプログラムロジックモデルに基づいて評価すると、制度導入時、社会的ニーズを反映した制度であり、短期アウトカムである「利用者の健康状態の向上」や「家族の介護負担の軽減」、中期アウトカムである「家族介護者の社会・経済的活動への参加機会の増加」については2009年から2020年までの満足度調査の結果から、制度に対して肯定的な評価がなされていることがわかる。

　次に、インプットの人的資源については、療養保護士の数は肯定的に評価できるが、介護現場という労働市場における療養保護士の供給と需要のミスマッ

チが生じていることを考慮すると、今後の課題としては療養保護士の労働条件の改善が必要であると言えよう。また、財政資源については、法律では「国は、毎年予算の範囲内で長期療養保険料の予想収入額の100分の20に相当する金額をもって国民健康保険公団への支援をおこなう」だけ定められている。しかしながら、このような法律の規定にもかかわらず、2009年から2020年までの実際の財政支援は毎年約18％程度に過ぎず、20％に満たない。そのため、国の負担の仕方をより一層明確化する必要がある。

このように制度・政策評価後の課題の改善によってより質の高い介護サービスが提供され、老人長期療養保険制度の最終目標である「国民の生活の質の向上」につながると考えられる。

1. 何が問題か／老人長期療養保険制度の政策評価の重要性

近年日本では、介護サービスに関して、様々なタイプの「評価」の取り組みが始まり、「評価」の制度化が実現した。そして、「評価」の展開を決定的なものにしたのは、介護保険制度の実施に伴うサービス供給体制の市場化であった（平岡 2005）。

2008年に日本の介護保険制度をモデルに導入された韓国の老人長期療養保険制度においても、市場化されたサービス供給体制のもとで、施設・事業者を選択する際に必要となる情報を利用者に提供することが必要になったため、保険者である国が施設を対象にした評価をおこない、その結果を公表している。また、2009年から定期評価を実施し、評価結果によってインセンティブが付与されるなどサービスの改善のための方策が講じられている。

そして、保険者によるもう一つの評価としては、制度導入時から実施されている制度に対する満足度調査がある。利用者、介護家族を対象にした満足度調査だけではなく、2018年から職員を対象にした満足度調査が追加された。2018年の満足度調査の結果は、利用者の満足度は86.9％、介護家族のサービスに対する満足度は90.9％、療養保護士の満足度は51.7％であった（国民健康保険公団 2019）。療養保護士を含む職員の満足度調査が追加されたことは非常に大きな意義あることであるが、制度導入時になぜ職員を対象にした満足度調

査は実施されなかったか疑問が残る。なぜなら、彼らは介護サービス現場の最前線で働く専門職であり、職員の満足度が高ければより良い介護サービスが提供され、制度の最終目標である国民の生活の質の向上につながると考えられるためである。

　韓国の老人長期療養保険制度の評価に関する先行研究は、老人長期療養保険制度の満足度に関する調査研究（国民健康保険公団 2008）、介護サービスの質の評価指標に関する研究（イ・テファほか、2012）、施設評価の評価指標の開発に関する研究（キム・ナムシク 2013）、老人長期療養保険制度の社会的成果に関する研究（キム・ミンキョン 2017）などがある。老人長期療養保険制度をプログラム理論で分析した研究としては、イ・ソクミン、ウォン・シヨン（2012）の研究がある。

　このように老人長期療養保険制度の評価に関する研究は多いが、プログラム理論評価をテーマにした研究は管見する限り、非常に少ないのが現状である。これは、老人長期療養保険制度の最終政策目標である「国民の生活の質」を測ることが簡単ではないことに起因する。「生活の質」は非常に抽象的な概念であり、その達成度を測るのは容易ではない。そして、数多くの先行研究において、老人長期療養保険制度が国民の生活の質の向上に貢献したかについて議論がなされているが、「生活の質」をどのように操作的に定義したのか、また、どのようなデータを使って、どのような方法論で分析をしたのかによって、異なる分析結果が出ている。

　もちろん老人長期療養保険制度の成果を評価するためのもっとも良い方法は、制度の最終目標が達成できたかどうかを評価することであるが、前述のように、評価方法によっては最終目標である「国民の生活の質の向上」のみで政策を評価するのは無理があると言えよう。したがって、政策の最終目標の達成度だけではなく、当該政策が社会的ニーズをどの程度反映して導入されたか、また、十分な資源のインプットはあったのか、十分な活動が実施され、アウトプットが導き出されたのかなど政策のプロセスと各段階に対する総合的な評価と分析が欠かせない。

　このような観点から、本章のリサーチ・クエスチョンは、以下の2つである。まず、韓国の老人長期療養保険制度は、社会的ニーズをどの程度反映した制度

設計がなされているのか、次に、老人長期療養保険制度の成果を上げるための十分なインプットがあったのかである。ここでインプットに注目する理由は、ロジックモデルの特徴でもあるが、「もし、十分な資源がインプットされたら、十分な成果が生まれるだろう」という理論上の仮定の連鎖を考えた時に、最初のインプットが重要ではないかと考えられるためである。

　本章では、韓国の老人長期療養保険制度を一つのプログラムとして考え、プログラムセオリー評価を分析枠組みに設定し、成果測定項目と指標を作成し、インプット、活動、アウトプット、アウトカムを段階ごとに評価を進める。その評価結果に基づき、仮説を検証し、その結果を解釈するとともに制度導入から14年目を迎える老人長期療養保険制度について総合的に政策評価を試みることが本章の目的である。

2．分析の枠組み

（1）研究対象と方法

　本章の研究対象は、老人長期療養保険法に基づく老人長期療養保険制度である。老人長期療養保険法に定められている老人長期療養保険制度の最終目標である「国民の生活の質の向上」を本章の仮説とし、これを検証するとともに、プログラムロジックモデルを分析枠組みにして老人長期療養保険制度の主な要素をインプット、活動、アウトプット、アウトカムで区分し、各段階別に分析と評価を進める。また、老人長期療養保険制度が施行された2008年7月から2020年まで作成された公開資料を主な分析対象とする。

（2）老人長期療養保険制度の概要

　老人長期療養保険制度は2008年7月1日から導入された。老人長期療養保険法に基づいている。老人長期療養保険法第1条によれば、老人長期療養保険法の目的は、「高齢や老人性疾病などの理由で、自力で日常生活を営むことのできない老人などに提供する身体活動支援または、家事支援などの長期療養給付に関する事項を定め、老後の健康増進および生活の安定を図り、その家族の負担を減らすことによって国民の生活の質を向上させることを目的とする」と

されている。

　図表２－２は老人長期療養保険制度の管理・運営体系を示している。指導監督は主に保健福祉部と地方自治体が担当する。保険者である国民健康保険公団は、等級判定やサービスモニタリングの実施、加入者の管理・保険料の賦課・徴収、等級判定委員会の運営などを担当している。また、被保険者は保険料を納める義務があり、老人長期療養保険制度によるサービスの利用を希望する場合は、等級判定申請をおこない、認定された場合、サービスを利用することができ、利用者負担も発生する。

　サービスの種類としては、在宅サービスと施設サービスがある。在宅サービ

図表２－２　老人長期療養保険制度の仕組み

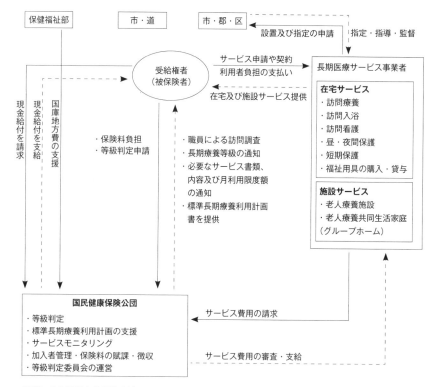

出所）老人長期療養保険制度ホームページより作成
http://www.longtermcare.or.kr（2021 年 8 月 26 日アクセス）

スとしては、訪問療養、訪問入浴、訪問看護、昼・夜間保護、短期保護、福祉用具の購入・貸与がある。施設サービスとしては、老人療養施設や老人療養共同生活家庭（グループホーム）を利用することができる。

(3) プログラム評価とは

プログラム評価は、①プログラムニーズ評価、②プログラムのデザインとセオリー評価、③プログラムのプロセスと実施評価、④プログラムのアウトカム・インパクト評価、⑤プログラムのコストと効率の評価の５段階で構成されている（Rossiほか、2004=2005）。

龍・佐々木（2010）によると、セオリー評価は、５段階からなるプログラム評価の２段階目であり、プログラムのデザインとセオリーを評価する。ここでいうセオリーとは学問的な意味での「理論」ではなく、「もしこうすればこうなるはずだ」という論理上の仮定である。一定の資源を投入し、活動をすれば、予想していた結果が出て、それが成果につながり、目的を実現できるはずであり、すべてのプログラムは、このように仮定に基づいてデザインされている。この仮定に基づくデザインをプログラム理論といい、プログラム理論の妥当性を検討するのがセオリー評価である。また、セオリー評価は、一般的にロジックモデルを用いておこなわれる。ロジックモデルは、プログラムの一連の流れを「インプット」「活動」「アウトプット」「アウトカム」等に分類し、ど

図表２－３　老人長期療養保険制度のロジックモデル

インプット	活動	アウトプット	アウトカム		
			短期	中期	長期
人的資源 物的資源 財政資源	在宅サービス提供 施設サービス提供	利用率増加 機関の数増加 認定率増加	健康状態の向上 → 家族の介護負担の軽減	自立生活 家族の経済・社会活動の増加	国民の生活の質向上

出所）イ・ソクミン、ウォン・シヨン（2012）を参考に筆者作成

のような道筋で目的を実現するかを図式化したものである。プログラム理論を
ロジックモデルで表現し、それを検証するのがセオリー評価であるとされてい
る。

3．分析の結果

（1）社会的ニーズと政策目標との関係

　韓国においては、2000 年に高齢化社会（7％）、2018 年には高齢社会（14％）
に突入した。急速な高齢化はさらに進み、2026 年には超高齢社会（21％）の
到来が予想されている。これは、他の国々と比べ、非常に速いスピードである
と言える（韓国統計庁 2006）。このように、高齢化のスピードが非常に速いた
め、高齢化率が 10％にも満たない段階で老人長期療養保険制度の導入を計画
したのである。また、核家族化や女性の経済活動への参加、扶養意識の変化に
より、家族による介護は限界に達しており（徐ほか 2005）、さらに、高齢者が
利用できる療養施設の不足と費用の問題も深刻になっている（徐ほか 2006）。

　このように、介護の問題は、国民の老後における最大の不安要因の一つであ
るため、老人の自立生活支援および家族の負担の軽減と、増え続ける老人療養
費の問題に効率的に対応するためには、従来の選別的な福祉から普遍的な福祉
への転換が必要であった。

　このような社会的ニーズは、政府が実施した各種社会調査結果にも表れてい
た。2005 年保健福祉部が全国民を対象におこなった世論調査では、回答者の
84.7％が高齢者の介護の問題が深刻であると答えており、2004 年に実施した調
査と比べ、4.1％増えている。そして、回答者の 72％が本人や家族が直接恩恵
を受けることができなくても毎月一定金額の保険料を負担する用意があると答
えている。

　そして、2008 年 1 月に実施された世論調査でも回答者の 83.6％が介護の問
題が深刻であると答えている。また、介護は、社会全体で担うべきという意見
が 81.6％に達した。統計庁が 2008 年 11 月に発表した 2008 年度社会調査資料
でも、両親の介護については、回答者の 43.6％が「家族、政府、社会」が連携
して世話すべきであると答えており、2006 年の 26.4％に比べ、大きく増加し

ている。一方、「家族が世話すべきである。」という答えは2006年の63.4％から40.7％に急減した。このような一連の世論調査の結果からわかるように、高齢者の介護の問題は、社会全体で責任をもって担うべきであるとの認識と関連法律の施行への期待が国民全体に広がっているため、高齢化対策の一貫としての老人長期療養保険制度が国民の期待に答えるための適切な制度の一つであると言えよう（朴2008）。

（2）インプット段階

1）人的資源

介護サービスを提供する人的資源としては、社会福祉士、看護師、医師、物理治療士、栄養士などがあるが、本章では介護サービス提供現場の第一線で活躍する療養保護士に限定する。療養保護士は、日本の介護福祉士とホームヘルパーがおこなう業務を担当し、2010年4月から導入されて国家資格である。そして、市・道知事の指定を受けた専門教育機関である療養保護士教育院において、理論と実技、実習などにわたり、240時間の履修が必要であり、筆記と実技試験からなる資格試験において6割以上得点すれば合格となる。

図表2－4の通り、療養保護士の数は、2011年には約47万人に増えたが、2012年から大幅に減少して、毎年25万人程度で推移している。これについては、制度施行初期に短期間に人材を確保する必要があったため、民間教育機関を中心に資格取得のプロセスを簡単にすることによって療養保護士の数が過剰になったと言えよう。また、制度導入当時は、簡単な療養保護士の資格取得要件と老人長期療養保険制度に対する期待感、すなわち、該当制度によって良質の仕事が生まれるという期待感により、療養保護士資格取得希望者が多かったと考えられる。しかしながら、療養機関と療養保護士の過剰な供給によって賃金が低下し、勤務環境も劣悪であったため、実際現場で働く療養保護士の数は、資格取得者数に比べ、少ないのが現状である。

図表2－4　療養保護士の数

（単位：人）

年度	2010	2011	2012	2013	2014	2015	2016	2017	2018	2020
人数	454,921	471,875	233,459	252,663	266,538	294,788	313,013	340,624	379,822	450,970

出所）国民健康保険公団各年度『老人長期療養保険統計資料』を参考に筆者作成

2015年時点における療養保護士資格取得者数は約123万人に上る反面、実際現場で働いている人は約31万人に過ぎない。療養保護士の離職率も約41％で非常に高く、療養保護士の年齢も50代以上が約71.9％である（韓国療養保護士協会2015）。

　このような一連の状況は、サービス提供の最前線で働く療養保護士による良質のサービス提供を妨げる要因の一つであると考えられる。実際に多数の先行研究において、療養保護士のサービスの量と質によって利用者の満足度および健康状態が変化する（ホン・セヨン2011）、さらには療養保護士が提供するサービスの質によって長期療養保険制度の成否が左右（チャン・ウシム2009）される可能性が高いとされている。そのため、対策が必要であると考えられる。

2）物的資源

　日本の介護保険制度をモデルにした老人長期療養保険制度であるが、韓国においては、日本のゴールドプランのような事前の準備や計画が不十分なまま導入されたため、人的インフラと施設インフラの確保が最大の課題であった。そのため、営利団体、非営利民間団体問わず、入所サービスと在宅サービスの提供機関として参入できるような制度設計がなされている。つまり、韓国においては、施設サービスも在宅サービス同様、提供主体には制限がない。そのため、入所サービス機関や在宅サービス機関も制度導入当初はその数字が増加傾向にあり、2008年の制度導入から2012年までの4年間はほぼ2倍近いペースで増えていた。しかしながら、2014年以降においては増加傾向が鈍くなってきていることがわかる。特に、在宅機関の供給は全国的に過剰供給であると言われている（ソク・ジエウンその他2016）。また、ソン・ウドクその他（2016）の調査によると訪問看護と短期保護サービスは不足しているが、サービス提供者は訪問療養に82.4％が集中していることがわかる。要するに、サービス需要と

図表2－5　サービス提供機関数

（単位：カ所）

年度	2008	2010	2012	2014	2016	2018	2020
施設	1,700	3,751	4,327	4,867	5,187	5,320	5,763
在宅	6,744	11,227	10,730	11,658	14,211	15,970	19,621
合計	8,444	14,978	15,057	16,525	19,398	21,290	25,384

出所）国民健康保険公団各年度『老人長期療養保険統計資料』を参考に筆者作成

供給のミスマッチが起きていて、まさに供給者を中心にサービスが提供されていると言っても過言ではないような状況である。

3）財政資源

　図表2－6が示しているように国民健康保険公団の最近10年間の「長期療

図表2－6　老人長期療養保険制度の財政・保険料推移

（単位：億ウォン）

年度	2008	2009	2010	2011	2012	2013	2014	2015	2016	2017	2018
収入	7,518	20,238	27,720	31,732	34,906	37,471	40,439	43,253	46,636	50,846	60,657
支出	5,731	18,791	25,547	27,714	29,113	32,915	37,398	42,344	47,068	54,139	66,758

出所）国会予算政策処『2018年～2027年老人長期療養保険制度の財政展望』（2018）

養保険財政・保険料率の推移」によると、2016年度から赤字に転じ、2016年には432億ウォン、2018年には6101億ウォンの赤字になっている。財源確保のため、保険料率を2008年の4.05％から2018年には7.38％、2021年度には11.52％に引き上げ、制度導入当初と比べて2倍近く上がっている。これからの更なる高齢化の進展や利用者の増加が予想される老人長期療養保険財政については必ずしも肯定的に評価できるような状況ではないと言えよう。

　また、老人長期療養保険の財源は、保険料、国庫支援金および利用者負担で成り立っている。この中で、国庫支援金は、医療保険給付への国家負担金を除いた管理・運営費などに充てられる国からの補助金であり、老人長期療養保険法には保険料収入額の20％に相当する金額と定められている。しかしながら、2009年から2020年には毎年約18％程度で、20％に満たないため、老人長期療養保険制度の最終目標である「国民の生活の質の向上」の実現のためには、少なくとも老人長期療養保険法に定められた20％の支援は必要であると考えられる。

（3）活動およびアウトプット段階

　図表2－7のように、高齢者人口に占める認定率は2009年には4.9％であったが2017年には8.0％で大きく増加した。また、認定者数も、2020年には86万人に達した。

　長期療養基本計画は5年ごとに保健福祉部で策定する。第1次長期療養基本計画（2012）では、2008年の制度導入から2012年までの成果評価がおこなわ

図表 2 − 7 　長期療養等級認定率（全体老人人口対比認定率）

（単位：％）

年度	2009	2010	2011	2012	2013	2014	2015	2016	2017	2018	2019	2020
割合	4.9	5.8	5.7	5.8	6.1	6.6	7.0	7.5	8.0	8.8	9.6	10.1

出所）国民健康保険公団各年度『老人長期療養保険統計資料』を参考に筆者作成

れている。そして、認定者数が安定的に推移していて、サービス利用者から、長期療養認定者数を増やすべきとの要望があることも踏まえ、今後の利用対象を適正な水準にまで拡大することを今後の推進課題の一つとしている。高齢者人口の何％を目標受給者にすべきかについては絶対的な目標や基準はないが、保健福祉部で策定した第2次長期療養基本計画（2018）では、2022年までに高齢者人口の 9.6% まで認定者を増やしていく方針であるとされているが、すでにその目標は達成しているため、老人長期療養保険認定者数については十分な成果が出ていると言えよう。

（4）アウトカム段階

アウトカムは短期、中期、長期に分けることができる。短期アウトカムは、利用者本人の健康状態の改善、家族の介護負担の減少である。中期アウトカムは、利用者の自立生活、家族の社会・経済活動の機会の増加、長期アウトカムは、国民の生活の質の向上である。

本章では短期アウトカムと中期アウトカムについて分析をおこなう。短期・中期アウトカムに関する分析は、国民健康保険公団が毎年実施している、サービス利用者満足度および意識調査結果を用いる。年度によって調査対象者の人数は異なるが、2018年の調査においては扶養者1000人に電話調査、利用者700人に訪問面接調査、職員300人に訪問面接調査、国民1000人に電話調査であった。

1）満足度・制度に対する認識度

最初の満足度調査は介護家族を対象に2008年実施され、その後2015年には利用者を対象に、2018年には職員を対象に追加的に実施された。サービスの改善点等についての調査結果は、制度改善のための資料の一つとして用いられている。図表2−8によると家族の満足度が一番高く、職員の満足度が一番低い。また、国民の制度に対する認識度は、新聞やTVを通じた広報活動により

図表2−8　制度に対する満足度・認識度

(単位：%)

年度	2013	2014	2015	2016	2017	2018	2019	2020
満足度（家族）	88.5	89.1	89.7	90.4	91.1	90.9	84.1	91.5
満足度（利用者）	-	-	85.0	85.6	87.4	86.9		
満足度（職員）	-	-	-	-	-	51.7	54.4	62.3
認識度（国民）	71.0	72.9	73.0	73.6	77.2	81.1	81.6	84.7

出所）国民健康保険公団各年度『老人長期療養保険統計資料』を参考に筆者作成

徐々に高くなってきている。

2）短期、中期アウトカム

　短期アウトカムは、利用者本人の健康状態の改善、家族の介護負担の減少である。家族介護者を対象におこなった調査では、老人長期療養保険を利用した後、利用者の健康状態について「非常に良くなった」「良くなった」という回答を合わせた割合である。

　まず、健康状態についての回答結果を年別で見ると、2009年や2010年に比べ、2011年からは健康状態が「良くなった」という回答が増え、その後は70％台後半で安定的に推移している。これをどう考えるかということは用意ではないが、制度導入後3年が過ぎて試行錯誤を経て、制度がある程度安定してきて、制度そのものについても持続的な改善があったためではないかと推測できる。

　利用者の医療機関利用頻度の減少について、他の年に比べ、2017年の減少率がもっとも高い。しかしながら、これについては、見方を変えれば、医療機関を利用している頻度に変化がない、または増加したという回答が約80％であるということを意味するという解釈もできる。これは利用者の健康状態が改善できたという約70％の回答とは矛盾する結果でもあると言えよう。しかし、これは、医療機関へアクセスが難しかった高齢者が療養保護士の助力によって医療機関を利用できるようになったケースや、逆に制度を利用することによって健康状態が改善され、医療サービスの利用が減少したケースもあるため、単純に矛盾する結果とは言えない。結論的に、利用者の医療機関利用頻度減少に注目すると、老人長期療養保険制度の短期目標である老人の生活安定は達成できたとは考えられないが、制度を利用することによって、医療機関を利用できたという点に注目すると制度についての評価は変わっていくであろう。

老人長期療養保険制度の主な目標の一つは家族の介護負担を減らすことである。介護負担は、経済的負担、身体的負担、精神的（心理的）負担など様々であろう。老人長期療養保険制度の満足度調査では、家族の身体的負担と精神的（心理的）負担の減少の度合いについての調査項目がある。経済的負担は、長期療養保険の短期的目標の中の一つである生活安定と類似した項目であるため、生活安定項目を基に経済的負担減少の度合いを推測できる。

　利用者の長期療養保険制度の利用後、介護をおこなう家族の疲労感、過労、憂鬱感、ストレスなど介護負担はどのように変化したかの質問に対して、「減少した」「非常に減少した」という回答を合わせた割合は、図表2－9のとおりである。このように、家族の介護負担は減少傾向にあることがわかる。これは、家族の介護負担の軽減を制度導入の目標の一つとして掲げている老人長期療養保険制度の成果であると言えよう。これらの結果から、老人長期療養保険制度導入前においては、高齢者介護の経済的、身体的、精神的など様々な負担は、介護者個人や家族が背負うしかなかったが、老人長期療養保険制度の導入は、家族の介護負担の軽減という観点から効果的であると考えられる。

　次に、中期アウトカムである社会・経済活動の変化においては、2009年から2011年までは、社会的活動と経済的活動に分けて調査をおこなったが、2012年から社会・経済を一つにして調査を実施した。年別に見るとサービスの利用により家族扶養者の社会・経済活動を増加につながる結果になった。これは図表2－9の家族扶養者の介護負担を減少させた結果であると推測できる。

図表2－9　短期、中期アウトカム

（単位：%）

年度	2009	2010	2011	2013	2014	2015	2016	2017	2018	2020
健康状態の改善（短期アウトカム）	40.2	37.5	79.0	78.3	78.0	75.6	76.7	77.0	75.0	77.4
医療機関利用頻度の減少（短期アウトカム）	—		14.6	9.5	17	22	22.6	24	—	
介護負担減少（短期アウトカム）	91.7	88.4	89.2	92.7	90.5	90.6	91.0	91.5	91.3	90.4
社会・経済活動の変化（中期アウトカム）	—	—	—	92	92.2	90.7	92.7	93.5	91.5	89.5

出所）国民健康保険公団各年度『老人長期療養保険統計資料』を参考に筆者作成

4．老人長期療養保険制度改善に向けての今後の課題

　本章では、韓国の老人長期療養保険制度を一つのプログラムとして考え、プログラムセオリー評価に着目し、分析をおこなった。老人長期療養保険制度をプログラムロジックモデルに基づいて評価をおこなうと、制度導入時においては、社会的ニーズを反映した制度であり、設定した短期・中期アウトカムは達成できたと言えよう。

　しかし、老人長期療養保険制度の最終目標でもある長期アウトカムを達成するためには、インプットの見直しが必要であると考えられる。まず、財源についてである。保険料率は、2008 年には 4.05％であったが、2021 年には 11.52％で 2 倍ぐらい高くなっている。一方、国庫負担については、法律では「国は、毎年予算の範囲内において長期療養保険料の予想収入額の 100 分の 20 に相当する金額を国民健康保険公団に交付する」と定められている。しかしながら、実際には予算の範囲内という制約もあり、実際の交付率は 20％に満たない年が多い。そのため、安定した財源確保のために保険者である国の負担の仕方をより一層明確化する必要がある。老人長期療養保険制度への公的資源の投入は、国民との約束であり、普遍的サービス実現の第一歩である。これによってより質の高い介護サービスの提供が可能となり、老人長期療養保険制度の最終目標である「国民の生活の質の向上」につながると考えられる。

　次に、療養保護士についてである。療養保護士の数については肯定的に評価できるが、2020 年度の満足度調査結果でも明らかになったとおり、全体の満足度は、2018 年には 51.7％、2020 年には 59.1％であった。職務の満足度の項目の中で、社会発展への貢献が 90％でもっとも高く、給料の適切さが 31％でもっとも低かった。そして、療養保護士の離職率の高さ、介護現場における療養保護士の供給と需要のミスマッチが生じていることを考慮すると、療養保護士の処遇を含む労働環境の改善が必要である。なぜなら、老人長期療養保険制度の最終目標である「国民の生活の質の向上」の「国民」の中には、当然ながら療養保護士も含まれるためである。療養保護士も満足できるように職場環境を整備していくことにより、より良い介護サービスが提供できるようになるの

は言うまでもない。

5．これから深めていくべきテーマ／「政策評価」の目的の明確化

　本章ではプログラムセオリー評価に注目し、十分なアウトカムのためには、十分なインプットが必要であるとしたが、これから、より一層深めていくべきテーマとしては、そもそもなぜ老人長期療養保険制度を「政策評価」をおこなうのか、何のために「政策評価」をおこなうのかという「政策評価」の目的を考える必要がある。龍・佐々木（2010）は、政策評価の目的は、まず、意思決定の改善のための材料を提供するため、次に、財政的、人的、物的、時間的、情報的資源配分を最適化・効率化するための材料を提供するため、最後に納税者への説明責任を向上させるための材料を提供するためであるとしている。

　まず、資源の最適化・効率化である。インプットできる資源は無限ではないことを考慮すると、今後増大すると予想される介護ニーズを満たすために限りのある資源をいかに駆使するのかという問題は解決されねばならない。しかしながら、他に類を見ない韓国の高齢化の速さを考慮すると今後の介護ニーズを充足されないまま放置することはほとんど不可能に近いと言っても過言ではない。プログラム理論からするとインプットを増やすことによって望ましい成果が生まれるとしているが、インプットである資源の最適化・効率化を図るための資源配分のあり方の模索が必要である。

　次に、納税者への説明責任についてであるが、韓国の老人長期療養保険制度は、全国民を対象とする社会保険方式で、その中でも賦課方式である。現在の納税者が、今後高齢者になった時にも制度として持続可能であるとの丁寧な説明と国民の合意形成が大事である。それが前述した政策評価の目的であると同時に、保険者である国の役割でもあるためである。

手にとって読んでほしい5冊の本

1. 李玲珠（2019）『韓国認知症政策のセオリー評価』晃洋書房

　韓国の認知症政策をプログラムセオリー評価の枠組みで分析した力作。

2. 澁谷智子（2018）『ヤングケアラー』中公新書

　家族の介護をおこなう18歳未満の子どもであるヤングケアラーの現状を中心に、これからの家族のあり方とケアについて注目した一冊。

3. 津止正敏（2021）『男が介護する』中公新書

　「新しい介護者」として男性介護者に焦点化し、介護のある暮らしを標準とするような新しい「生き方モデル」について考えさせられる一冊。

4. 広瀬義徳・桜井啓太（2020）『自立へ追い立てられる社会』インパクト出版会

　「自立」せよと人々を追い立てる現代社会の統治のありようを教育、福祉、労働、地域、メディアの諸領域から問い、自由を希求する一冊。

5. 龍慶昭・佐々木亮（2010）『(増補改訂版)「政策評価」の理論と技法』多賀出版

　「政策評価」について事例を用いてわかりやすく説明されている政策評価の入門書。

介護福祉施設の評価指標
－日本、韓国、ドイツ－

1. よりよい介護サービス評価指標を探索する

　加齢、あるいは何らかの事情によって、多くの人々が介護福祉施設で暮らしている。

　これらの人々の人権を守っているのは、法律や、現場で働くスタッフの意思や力量、施設が備えているハードとソフトである。このうち、施設のハードとソフトに大きな影響を与えているのが、サービスの評価指標である。

　韓国の施設は、義務的な評価を3年ごとに受けている。日本は、努力義務とされていて強制ではないため受審率は低く、一番高い特別養護老人ホームでも6.1％にとどまる。ドイツは、介護保険法の定めによりMDK（医療保険メディカルサービス）による義務的な評価を1年に1回は受けることになっている。

　介護保険を導入したのは、ドイツが1995年、日本が2000年、韓国が2008年であり、日本はドイツの、韓国はドイツと日本の制度を参考にしたといわれている。以下で比較を試みる各国の評価指標は、韓国／国民健康公団の長期療養機関（介護施設）評価指標、日本／介護施設第3者評価指標、ドイツ／MDKの介護施設品質評価指標である。以下の叙述は、Donabedian（1988）による分類である〈構造〉、〈プロセス〉、〈アウトカム〉を分析枠組みのベースとしている。

2. 〈構造〉評価指標

　〈構造〉評価指標全体をみると、大枠では日韓ドイツともに「機関運営および管理」「環境整備」「人的資源」「安全管理」「地域との交流」に関する内容で構成されている。

　大分類および中分類においては、日本の評価指標にある「管理者の責任とリーダーシップ」「福祉人材の確保・育成」「運営の透明性の確保」に相当する内容が韓国の評価指標には設けられておらず、日韓のもっとも大きな違いとなっている。「管理者の責任とリーダーシップ」「運営の透明性の確保」の項目はドイツの評価指

標にもない項目である。ドイツは品質経営のための職員の継続教育プランの確立体制を整えており、これは日本の「福祉人材の確保・育成」と類似する評価項目といえる。

　小分類および各評価項目に目を通すと、韓国が運営規定的な内容に留まっているのに対して、日本は事業所の使命や目指す方向、理念まで読み取れる内容になっていた。たとえば、韓国は運営規定を備えるだけでよいが、日本ではこれに加え、事業所の使命や目指す方向、考え方を読み取ることのできる理念まで示すことが求められる。また、事業経営を取り巻く環境と経営課題の分析、中・長期的なビジョンを明確に示した計画の策定も必要とされている。

　興味深いのはドイツの場合、施設の運営関連規定、運営にあたる施設の使命と目指す方向などへの言及はないが、介護サービスの計画、実行と評価に関する責任規定の確保、介護計画の連続性を確保するような運営規定を確保しているかが含まれている。ドイツは、よいサービスという結果を達成するため、介護計画と実行に関する職員の責任とサービスの連続性を確保しうる体制の確立をより重視している。

　さらに日本の評価項目は、事業所が経営環境と経営課題を分析し、中・長期的なビジョンを明確にした事業計画を策定すること、それを利用者等に周知し理解を促すことを求めている。また、関係機関との連携の確保や、地域の福祉ニーズ等を把握し、それに基づく公益的な事業・活動がおこなわれているかを評価に含めているのも特徴である。

3．〈プロセス〉評価指標

　日本とドイツにはない韓国だけの評価項目は、「受給者に関する体系的な事例管理をおこなっている」である。日本にはないが、韓国とドイツにはあるのは、「受給者に適正な看護および医療サービスを提供するために努力している」「薬品を安全に管理し、受給者の投薬関連情報を熟知して正確に投薬している」「認知症など受給者の個別の特性を考慮したサービス提供のために努力している」「受給者の多様な余暇活動欲求を満たすためのプログラムを実施している」の４項目である。

　これに対して、日本だけにある評価項目は、「利用者満足の向上を目的とする仕組みを整備し、取組をおこなっている」「利用者に関する福祉サービス実施状況の記録が適切におこなわれ、職員間で共有化されている」「利用者に関する記録の管

理体制が確立している」「移動支援を利用者の心身の状況に合わせておこなっている」の４項目である。

　各評価項目の内容を比較すると、ドイツは、韓国と日本よりも〈プロセス〉の評価項目がより詳しくかつ細かく構成され、サービスのプロセスを点検するにあたって認識の統一性を確保できるようになっていることである。

４．〈アウトカム〉評価指標

　韓国の評価指標は、サービス提供の「結果」として「入所後に給付を提供された受給者の等級が維持・好転した」「受給者の床ずれ発生率が低くなり、治癒率が高くなっている」「受給者の留置カテーテル挿入率が低く、除去率が高くなっている」「保護者は機関が提供するサービスに満足している」「機関の役職員は受給者に最良のサービスを提供するために努力している」の５項目をあげているのが特徴的である。日本の場合は、明確に〈アウトカム〉指標と分類されるものが存在しない。ドイツの場合は、利用者の体重変化に着目してサービスの結果を点検しており、韓国のように利用者の介護度の変化や床ずれの発生率・治療率で結果を点検していない。また、具体的な内容と範囲は違うが、韓国とドイツ両国とも利用者の満足度に関する項目を「結果」で評価している。さらに韓国は評価項目に保護者のサービス満足度まで含んでいることが特徴的である。日本での「利用者満足」に関する評価指標は「利用者満足の向上に努めている」という〈プロセス〉評価になっている点が印象的である。

５．まとめ

３カ国の違いを箇条書きで示せば次のようになる。
1）日韓の大きな違いは、日本の評価指標にある「管理者の責任とリーダーシップ」「福祉人材の確保・育成」「運営の透明性の確保」が韓国にはないこと。「福祉人材の確保」はドイツにもあり、ないのは韓国だけとなっている。[注]
2）日本の特徴として事業所の使命や目指す方向、考え方を読み取ることのできる理念や中・長期的なビジョンまで示すことが求められている。
3）ドイツは介護計画と実行に関する職員の責任とサービスの連続性を確保しうる体制の確立をより重視している。

4）韓国では「事例管理」に関する評価項目があること、ドイツは韓国と日本よりも〈プロセス〉に関する評価項目が詳しい。

5）日本の場合は明確に〈アウトカム〉指標と分類されるものが存在しないのに対して、韓国は「利用者の介護度の変化や床ずれの発生率・治療率」で結果を点検している。日本では「利用者満足」についてもプロセス評価になっている。

注）筆者の一人（李玲珠）は、韓国で高齢者福祉入所施設の経営にあたっているが、評価を受けるたびに、自分の施設では他所よりも力を入れている「人材育成」の評価項目がないことを残念に思っている。

（李玲珠・任貞美）

【2】 高齢者福祉サービスの政策評価　解題

図表　ドナベディアン・モデルと第1部（2）との対応

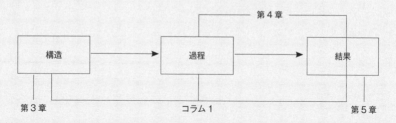

高齢者福祉サービスの質は、様々な側面から定義し、測定することができると同時に「サービス」に内在する評価の曖昧さの問題もかかえている。特に、個人的視点、社会的視点によって質の定義や測定方式の考え方が大きく左右される医療や福祉サービスなどにおいては、客観的で適切な基準下で質を評価することは非常に難しい。そこで、理論的な土台の設定が重要であるが、高齢者福祉分野の質の評価を考える際、よくもちいられているのがドナベディアンのモデルである。

ドナベディアンは、サービスの質を「ストラクチャー（構造）」「プロセス（過程）」「アウトカム（成果）」の3側面からアプローチするのが妥当であると論じている。ストラクチャーはサービスを提供するのに必要な人的、物的、財政的資源であり、専門職の数や分布、資格、あるいはサービス提供機関の数、規模、設備などが該当する。そして、プロセスは、従事者と利用者との相互作用を評価するものであり、サービス内容の適切性、提供するサービス量の十分さなどを意味する。最後に、アウトカムは、サービスの提供が利用者にもたらした変化のことであり、身体的な側面のみならず、社会的・心理的な状態の変化も含まれている。

高齢者福祉サービスで代表される介護サービスにおいても、ドナベディアン・モデルを当てはめて評価しようとする動きが活発になってきている。それらの研究蓄積を通して、いくつか新たな研究課題も提案されつつある。以下の3つの章では、それらの研究動向を反映し、今後「高齢者福祉サービスの質の評価」の質を高めるためには、そのような改善策が必要であるかについて論じている。

まず、第3章では、ドナベディアン・モデルの「ストラクチャー」に着目し、介護従事者の人材養成政策について検討をおこなっている。介護従事者の労働環境

を改善し、労働市場への参入を促進する一方で、カリキュラムの充実、キャリアパスの導入により専門性を向上させるための対策について検討している。

　次に、第4章では、ドナベディアン・モデルの「プロセス」と「アウトカム」の関係に着目し、利用者側によるサービスの質の評価の重要性について述べている。サービスの質の評価の次元を、生活満足度、人生満足度、主観的幸福感に分けて分析をおこない、特に社会関係資本に関する評価項目を拡大していく必要があると論じている。

　さらに、第5章では、近年の介護サービスの質の評価をめぐる政策的な動向について分析をおこなっている。そこで、「アウトカム」に着目した評価項目の充実、そしてサービスの質の改善につながるように実効性のある評価体制を整える必要性について論じている。

（李宣英）

第3章

介護人材確保をめぐる政策の課題

任セア

グラフィック・イントロダクション

図表3−1　介護人材が目指すべき姿

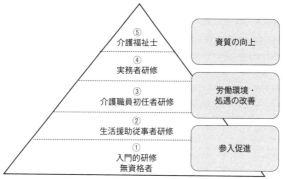

量的確保	参入促進	① すそ野を拡げる	人材のすそ野の拡大を進め、多様な人材の参入促進を図る。
	労働環境・処遇の改善	② 道を作る	本人の能力や役割分担に応じたキャリアパスを構築する。
		③ 長く歩み続ける	いったん介護の仕事についた者の定着促進を図る。
質的確保	資質の向上	④ 山を高くする	専門性の明確化・高度化で、継続的な質の向上を促す。
		⑤ 標高を定める	限られた人材を有効活用するため、機能分化を進める。

（右端に縦書き：役割分担と連携）

　図表3−1は、介護人材が目指すべき姿である。本章では、介護人材確保の3つのアプローチである「参入促進」「労働環境・処遇の改善」「資質の向上」に共通して含まれている「キャリアパス」と「研修」に注目しつつ、まず、介護人材不足を巡る現状と、その課題を解決するための政府の介護人材確保の政策について検討する。最後に、これらを通して今後の方向性について示すことを目的とする。

1．何が問題か／介護人材確保をめぐる政策の課題

2000年の介護保険制度の施行後、サービス量の増加に伴い介護職員数は継続して増加している。第8期介護保険事業計画に基づく介護職員の必要数によると、2019年度（約211万人）を基準に、2025年度には約32万人（約243万人）、2040年度には約69万人（約280万人）の介護職員が新たに必要とされている。このように介護現場で従事する介護職員数が継続して増加しているにもかかわらず、なぜ、介護人材は不足しているのだろうか。その主な理由は、介護人材の伸びを上回る要介護者の増加により、介護人材の不足がさらに深刻化しているからである。こうした中、人の生活に直接かかわりながら、介護サービス提供の中核的な役割を担っている介護人材の不足問題は社会的に喫緊の課題として取り上げられている。

近年、介護サービスは少子高齢化の進行や世帯構成の変化、新型コロナウイルス感染症のような災害等により増大しており、それに伴い、介護サービスへのニーズ（以下、介護ニーズ）は高度化・複雑化している。介護サービスは、基本的に人が人に対して提供する対人援助サービスであることから「介護サービスを支える人材が介護サービスの質を左右する鍵であると言って過言ではない」（厚生労働省 2003、p.49）。このことからみると、介護人材の不足問題においての量と質の確保の課題は、介護サービスの質の課題でもある。

厚生労働省（2015）は、介護人材の不足問題を解決するため、介護人材の量と質の好循環を進めるという視点から「2025年に向けた介護人材・介護業界の構造転換」を提示した。主に、「参入促進」「労働環境・処遇の改善」「資質の向上」という3つのアプローチから介護人材確保を図っている。特に、介護人材の参入促進の段階から質的確保より量的確保を優先的に目指し、介護関連資格の取得者に加えて、若者、障害者、元気な高齢者、介護未経験者、他業界の者等、多様な人材の参入を積極的に進めている。

こういった政策によって、介護業界には、介護福祉士、実務者研修、介護職員初任者研修、生活援助従事者研修、入門的研修等を通して短期間、または長期間の間に専門的あるいは基礎的教育を受けた資格取得者と、そうではない無資格者、さらに他業界から参入した介護未経験者等、多様な人材が生まれ

た。しかしながら、専門的、ましてや基礎的教育すら受けることのなかった介護人材が、果たして認知症高齢者にみられる行動・心理症状（Behavioral and Psychological Symptoms of Dementia、以下 BPSD）や看取り介護等のように高度化・複雑化する介護ニーズに適切に対応できるかは、疑問である。また、短期間の基礎的教育を受けた者と、長期間に及ぶ専門的教育を受けた者が提供する介護サービスの質が全く同じであるとは考えにくいだろう。

　政府は多様な人材によって生じる質の課題に対応するため、キャリアパスの構築とともに研修に力を入れ始めた。ここでの「キャリアパス」と「研修」は2つの意味をもつ。まず、「キャリアパス」には、資格制度を意味するキャリアパスと職場内での職位を意味するキャリアパスがある。また、「研修」には、OJT（On-the-Job Training）や OFF-JT（Off the Job Training）のような職場研修と生活援助従事者研修そして、介護職員初任者研修、実務者研修のような制度的に位置付けられた研修（資格）がある。

　本章では、介護人材確保の3つのアプローチである「参入促進」「労働環境・処遇の改善」「資質の向上」に共通して含まれている「キャリアパス」と「研修」に注目しつつ、まず、介護人材不足を巡る現状と、その課題を解決するための介護人材確保の政策について検討する。最後に、これらを通して今後の方向性について示すことを目的とする。

　なお、本章はドナベディアン・モデルの「ストラクチャー（構造）」の中でも、サービスを提供するために必要な人的資源に焦点を当てている。

2．どんな政策がおこなわれているのか／3つのアプローチ

　介護保険事業計画は、介護保険法に基づき地方自治体が策定する介護保険の保険給付を円滑に実施するための計画である。第8次介護保険事業計画（2021〜2023年）をみると、①介護職員の処遇改善、②多様な人材の確保・育成、③離職防止定着促進・生産性向上、④介護職の魅力向上、⑤外国人材の受入れ環境整備が総合的な介護人材確保対策として策定されている。これらの対策は、「参入促進」「労働環境・処遇の改善」「資質の向上」という3つのアプローチを基盤としている。以下では、簡略に3つのアプローチの考え方を現状に照ら

し合わせながら検討する。

（1）参入促進のアプローチ

　参入促進のアプローチは、「富士山型」（図表3－1）の第1段階であり、「すそ野を拡げる」に該当する。この段階の考え方は、既存の労働市場への対策強化に加え、人材のすそ野の拡大を進め、多様な人材の参入促進を図ることである。

　現在の介護業界における介護職への求職者数は、激減している状況である。介護労働安定センター（2010、2020）が実施した調査報告書によると、介護サービスに従事する従業員の不足感（「大いに不足」＋「不足」＋「やや不足」）は、2009年度46.8％から徐々に高まり、2020年度には、前年度に続き改善傾向を示しているが、6割（66.2％）を超えている。

　ここで注目したいのは、介護職員・訪問介護員の離職率はここ数年、減少の傾向にある一方、採用率は減少していることである。2020年度の介護サービスに従事する従業員の不足している理由をみると、「採用が困難である」が86.6％（2019年度90.0％）であり、その原因として「同業他社との人材獲得競争が厳しい」が53.7％（2019年度57.9％）と高かった。現在の介護業界は、離職どころか、そもそも採用が困難な状況である。

　団塊の世代が75歳以上の後期高齢者となる2025年には、超高齢社会（国民の4人に1人が75歳以上）に突入すると予想されている。このような中で、厚生労働省（2015）は、2025年に向けて、介護人材確保の持続可能性を高めるには、こうした既存の労働市場への対策強化に加え、「介護を就職の選択肢と考えている層」として、若者、障害者、さらには他業界からの参入を進めていくことが重要であることから、介護人材の参入促進の段階から質的確保より量的確保を優先的に目指している。

　確かに、超高齢社会に突入する前に介護サービスを提供する介護人材の労働力を確保しないと、介護サービスを受けられない高齢者、いわゆる介護難民が発生する可能性がある。このことから考えると、現段階で多様な人材の参入を積極的に進める介護人材確保の政策は、他に選択肢がないかも知れないが、一方では批判の声もある。介護人材確保の対策は、介護現場イコール失業者や希

望の仕事に就けない人の雇用の受け皿というマイナスイメージを社会に植え付けており、さらに「誰でもできる職業」というマイナスイメージが介護人材参入の阻害要因として懸念されている（北垣 2014、任 2020）。

（2）労働環境・処遇の改善のアプローチ

労働環境・処遇の改善のアプローチは、「富士山型」の第2段階の「道を作る」、第3段階の「長く歩み続ける」に該当する。この段階の考え方は、本人の能力や役割分担に応じたキャリアパスを構築し、いったん介護の仕事についた者の定着促進を図ることである。

介護人材の構造的特性をみると、女性や中高年齢者層の割合が高く、非常勤労働者が多い。これまでの介護業界の離職率は高く、常に「人手不足」になりがちであったが、ここ数年は 14 〜 16% 台でそれほど大きく変動していない。このことから、離職率が安定しているようにみえるが、まだ、早期離職の課題が残されている。

介護労働安定センター（2020）の「2020 年度介護労働実態調査」によると、「前職をやめた理由」としては「結婚・妊娠・出産・育児のため」が 25.0% でもっとも高く、次いで「職場の人間関係に問題があったため」が 16.6%、「自分の将来の見込みが立たなかったため」が 15.0% となっている。

以上の理由で前職をやめた介護職員・訪問介護員の離職率をみると、「勤続1年未満」の離職者が全体の 36.2% を占めており、「勤続1年以上3年未満」の離職者は 26.0% である。すなわち、3年未満の離職者は、約6割以上であり、離職率を引き上げているのは、勤続年数の短い早期離職者であることがわかる。

これまでの離職に焦点をあてた先行研究では、介護人材の不足の課題を解決するため、職場定着の観点から離職要因として金銭的要因を取り上げていたが、最近の先行研究では、賃金以外の教育訓練と労働条件・職場環境といった非金銭的要因も離職要因の一つとして重要であると指摘されている（花岡 2009、黒田・張 2011、北浦 2013）。

政府は、早期離職防止のため、事業所におけるキャリアパス制度・賃金体系やキャリア支援の仕組みの「見える化」や新入社員に対し所属長が直接指導するのではなく、数年年上の先輩社員が教育係となって新入社員と2人1組とな

り、実務指導だけではなく職場生活上の相談役も担うエルダー・メンター制度の活用を進めている。しかし、こうした政府の努力の反面、労働環境の厳しさや将来の不安は解消されていない。この理由については、3の（2）「介護処遇改善におけるキャリアパスの要件」で具体的に取り上げたい。

（3）資質の向上のアプローチ

　資質の向上のアプローチは、「富士山型」の第4段階の「山を高くする」、第5段階の「標高を定める」に該当する。この段階の考え方は、専門性の明確化・高度化で、継続的な質の向上を促し、限られた人材を有効活用するため、機能分化を進めることである。特に、上記で述べた「参入促進」と「労働環境・処遇の改善」のように介護人材の量的確保を進める一方、高度化・複雑化する介護ニーズに対応するため、「資質の向上」のように介護人材の質的確保・向上を併せて進めることを目標としている。

　介護人材の資質の向上をおこなうにあたっては、様々な問題に直面する。介護職は単一の資格制度ではないため、特定の資格である介護福祉士だけの資質の向上を図ったとしても、介護職全体の資質が向上するわけではない。介護職は、介護福祉士、実務者研修、介護職員初任者研修等の資格制度によって、多様なルートで短期間または長期間に及ぶ専門的教育がおこなわれている職業であるため、専門性のある職業としてみられる。その一方で資格を要する職業でありながら、専門的教育を受けていない無資格者も存在する職業であるため、その専門性が十分に確立された職業であるとは言い難い。

　（1）の参入促進でも指摘したように、「介護現場イコール失業者」「希望の仕事に就けない人の雇用の受け皿」「誰でもできる職業」というマイナスイメージによって、良質な介護人材の確保が困難になることはもちろん、ここ数年間、8割から9割の事業所が介護サービスに従事する従業員の不足している理由として「採用が困難である」と答えている（介護労働安定センター 2020）ことからみると、離職や退職だけでなく、最初から介護職を志望しないという問題を引き起こす可能性がある。

　単純に考えると、資質の向上の面から、介護現場に参入する前の人材育成の仕組み（資格取得や養成施設による教育等）も一つの方法として考えられるが、

介護需要の増加による介護人材の不足問題に直面していることから、参入する前の段階からの良質な介護人材の確保は難しい。

3．解決すべき課題は何なのか／良質な介護人材の確保

（1）制度的に位置づけられた研修と入門的研修との関係

　従来の介護福祉士へのキャリアアップを目指す場合は、ホームヘルパー（1級・2級・3級）、介護職員基礎研修など資格によって必要な従事期間などがバラバラであり、進むべきルートがわかりづらかった。また、介護福祉士養成施設を卒業すれば、介護福祉士の国家資格が与えられ、根拠のあるキャリアアップやキャリアパスをイメージし難かった。このことから、介護福祉士の資質向上を図るため「社会福祉士および介護福祉士」の法定化後、2007年の改正により、介護福祉士を目指すすべての者は一定の教育プロセスを経た後に国家試験を受験するという形で、資格取得方法の一元化が図られた。その後、2013年4月1日の介護保険法施行規則改正で実務者研修の修了を介護福祉士国家試験の受験条件に定めることで、キャリアパスを構築した。この際に「ホームヘルパー2級」が「介護職員初任者研修」に名称が変わり、ホームヘルパー1級は現在、実務者研修に移行されている。以上のことから、図表3－2のように現行のキャリアパスが構築された。

　ここで注目したいのは、資格取得方法の一元化によりキャリアアップできるキャリアパスが構築されているが、訪問系サービスと通所・居住・施設系サービスとでは従事可能な範囲が異なることである。具体的に説明すると、介護保険サービスの人員配置基準のなかで、介護職に対して資格要件が定められているのは、訪問介護サービスをおこなう訪問介護員（介護福祉士の他、初任者研修修了者）に限られている。言い換えれば、訪問介護以外の介護現場で従事する者は無資格者であっても介護サービスを提供することができ、介護職員として従事することが可能であることを意味する。すなわち、介護未経験者や他業界の者等は、訪問系サービスに就くことができないため、通所・居住・施設系サービスに就くだろう。極端に言えば、最低限度の介護に関する知識や技術がない者が介護保険制度の中で介護サービスを提供することとなり、将来、通

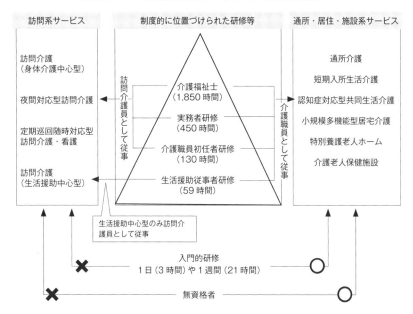

図表３－２　介護関連資格のキャリアパスと従事範囲

訪問系サービス

訪問介護
（身体介護中心型）

夜間対応型訪問介護

定期巡回随時対応型
訪問介護・看護

訪問介護
（生活援助中心型）

制度的に位置づけられた研修等

訪問介護員として従事

介護福祉士
（1,850 時間）

実務者研修
（450 時間）

介護職員初任者研修
（130 時間）

生活援助従事者研修
（59 時間）

介護職員として従事

通所・居住・施設系サービス

通所介護

短期入所生活介護

認知症対応型共同生活介護

小規模多機能型居宅介護

特別養護老人ホーム

介護老人保健施設

生活援助中心型のみ訪問介護員として従事

×

入門的研修
1 日（3 時間）や 1 週間（21 時間）

〇

×

無資格者

〇

出所）厚生労働省 HP（2018a）「入門的研修について」（2021 年 8 月 30 日閲覧）を参考に筆者作成

所・居住・施設系サービスにおける質の低下の原因となる可能性がある。

　厚生労働省は、「介護を就職の選択肢と考えている層」に該当する者の参入を積極的に進めるため、2018 年に介護に関する入門的研修の実施に関する基本的な事項を定め、研修実施を推進している。入門的研修とは、介護を就職の選択肢と考えている層を対象に、あくまでも介護を知る機会の提供と、介護分野で働く際の不安を払拭することを目的としている。この目的からみると、専門的知識・技術の習得のためではないことがわかる。研修時間は、定められているが、1 日（3 時間）、3 日（21 時間）、6 日（21 時間）等、短期間でおこなわれている。入門的とはいえ、果たして研修の機能を担っているかは、疑問である。入門的研修は、専門的知識・技術を学ぶ研修ではないが、次のステップである生活援助従事者研修や介護職員初任者研修において「介護の基本」「老化と認知症の理解」「障害の理解」の 3 つの科目が免除となる（図表 3 － 3）。

　しかし、短期間の研修で認知症や障害に関する知識・技術が習得できるとは

図表3－3　入門的研修の免除

入門的研修 (21h)	
研修科目	通常
1. 介護に関する基礎知識	1.5
2. 介護の基本	1.5
3. 基本的な介護の方法	10
4. 認知症の理解	4
5. 障害の理解	2
6. 介護における安全確保	2

研修科目	生活援助従事者研修 (59h)		介護職員初任者研修 (130h)	
	通常	入門的研修修了者 (43h)	通常	入門的研修修了者 (109h)
1. 職務の理解	2	2	6	6
2. 介護における尊厳の保持・自立支援	6	6	9	9
3. 介護の基本	4	0	6	0
4. 介護・福祉サービスの理解と医療との連携	3	3	9	9
5. 介護におけるコミュニケーション技術	6	6	6	6
6. 老化と認知症の理解	9	0	12	0
7. 障害の理解	3	0	3	0
8. こころとからだのしくみと生活支援技術	24	24	75	75
9. 振り返り	2	2	4	4

出所）厚生労働省 HP（2018a）「入門的研修について」（2021 年 8 月 30 日閲覧）を参考に筆者作成

言えない。次のステップの研修でさらに深めることなく、関連する科目を免除にするのは介護人材の質の低下をもたらす原因となると考えられる。

　介護福祉士の養成施設における履修時間をみると「認知症の理解」の場合、60 時間であり、「障害の理解」は、60 時間である。履修時間が専門的知識・技術の習得度を示しているわけではないが、養成施設（2〜4 年間）で 1850 時間を学んだ者と、そうではない者（入門的研修 21 時間、生活援助従事者 59 時間、介護職員初任者研修 130 時間）との認知症高齢者に関する理解のギャップはここから発生すると考えられる。

　2020 年度の要介護（要支援）認定者数は約 681 万人となり、公的介護保険制度がスタートした 2000 年度と比べると、認定者数は約 2.7 倍に増えている。高齢者人口の約 1 割が、要介護認定を受けたもののうち認知症日常生活自立度Ⅱ以上の認知症高齢者で、要介護認定者の約 6 割となっており、今後も認知症高齢者は増加が予測されている。認知症高齢者の増加に伴い、認知症高齢者への支援のあり方も本人の意思や地域とのつながりなどを重視する支援へと変わってきている。認知症ケアの重要性がますます高くなってきていることから、

認知症に関する学習内容の充実が求められている。

　山口（2018）の研究によると、認知症高齢者によくみられる BPSD は、介護職員や家族、看護師等のケア負担の一つの要因であり、これは介護放棄や身体拘束にもつながることを指摘している。さらに、介護者が失敗を指摘し、非難する態度などが BPSD を悪化させるため、ケア技術も一つの要因として位置づけられていることの理解が必要であると述べている。すなわち、認知症ケアをおこなう者は、認知症のことをよく理解して、介護サービスを提供しなければならない。

　以上のように、介護保険制度の認定者数の増加とそれに伴うニーズの高い認知症者の増加等により、認知症高齢者に対する対応が求められる中、介護人材が不足している現状から考えると、無資格者よりは短期間であっても「入門的研修」を受けさせることが最優先かもしれない。しかし、表面的な資格という形で認知症高齢者に対応できる良質の介護人材が確保できるわけではない。また、入門的研修は制度的に位置づけられてはおらず、受講が義務でもない。今後、ニーズが複雑化・高度化する認知症高齢者に対応できる良質な介護人材の需要はますます高まると考えられる。

（2）介護処遇改善におけるキャリアパスの要件

　介護職員の処遇改善に関する政策は、ただ賃金を高める目的のみならず、キャリアパスの構築による資質の向上の目的もある。まず、介護職員処遇改善に関するこれまでの経緯をみると次のとおりである。2009 年 10 月からは、介護従事者の待遇改善や技能向上を目的とした「介護職員処遇改善交付金」が支給された。さらに、2010 年度からは、その交付金について、キャリアパスに関する要件等を追加し、能力評価や資格取得、職責または職務内容などに応じ職員の給与を引き上げる仕組みを設けることを、交付金支給の条件に加えた。

　このように、2011 年度までは「介護職員処遇改善交付金」として実施され、2012 年度からは「介護職員処遇改善加算」として、介護報酬の加算へ移行し、介護人材の確保とサービスの質の評価の取り組みがおこなわれた。その後、2015 年度、2017 年度、2018 年度の介護報酬改定において、算定要件や単位数（算定率）が見直された。

2019 年度の介護報酬改定では、介護職員の確保・定着につなげていくため、処遇改善加算に加え、特定加算が創設された。特に、特定処遇改善加算について、制度の趣旨は維持しつつより活用しやすい仕組みとする観点から、平均の賃金改善額の配分ルールにおける「経験・技能のある介護職員」は「その他の介護職員」の「2 倍以上とすること」について、「より高くすること」と見直すことで、他の職種の処遇改善もおこなわれた。そして、2020 年度の介護報酬改定では、算定要件の一つである職場環境等要件について、職場環境の改善の実効性の観点から見直しがおこなわれている。図表 3 − 4 のように現行の介護職員処遇改善加算をみると、キャリアパス要件が明確に示されている。

　ここで注目したいのは、先ほど 3 の（1）で取り上げた資格制度のキャリアパスと、処遇改善加算による職場内でのキャリアパスの構築とともに、認知症や障害に対応する研修の義務付けの動きもみられることである。2021 年度介

図表 3 − 4　介護職員処遇改善加算

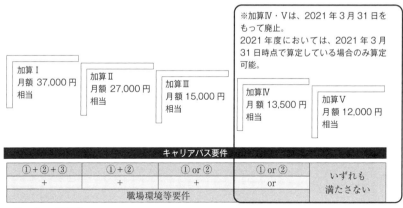

〈キャリアパス要件〉
①職位・職責・職務内容等に応じた任用要件と賃金体系を整備すること
②資質向上のための計画を策定して研修の実施又は研修の機会を確保すること
③経験若しくは資格等に応じて昇給する仕組み又は一定の基準に基づき定期に昇給を判定する仕組みを設けること

〈職場環境等要件〉
・賃金改善を除く、職場環境等の改善

出所）厚生労働省 HP（2021b）「令和 3 年度介護報酬改定の主な事項について」（2021 年 8 月 30 日閲覧）を参考に筆者作成

護報酬改定の主な事項をみると、介護に関わるすべての者の認知症対応力を向上させていくため、全サービス（無資格者がいない訪問系サービス（訪問入浴介護を除く）、福祉用具貸与、居宅介護支援を除く）に対して介護に直接携わる職員が認知症介護基礎研修を受講するための措置を義務づけることや、障害福祉サービスにおける対応も踏まえ、すべての介護サービス事業者を対象に、利用者の人権の擁護、虐待の防止等の観点から、虐待の発生・再発を防止するための委員会の開催、指針の整備、研修の実施、担当者を定めることを義務づけることが地域包括ケアシステムの推進として示されている。

　これは、上記の３の（1）でも指摘したとおり、多様な人材の参入を積極的に進めている中、無資格者による認知症高齢者や障害者に対する対応が懸念されていることを意識した動きであると考えられる。特に、認知症や障害に対応する研修の義務付けにおいて、無資格者がいない訪問系サービス、福祉用具貸与、居宅介護支援を除くという点から、今後、最低限度の介護知識や技術を習得した介護人材を確保しようとしていることが予想される。

　以上のように、介護職員処遇改善がおこなわれ、職場内でのキャリアパスの要件や研修等が義務付けられることによって、労働環境と処遇の改善がおこなわれているようにみえる。一方で、事業所におけるキャリアパス制度・賃金体系やキャリア支援の仕組みの「見える化」に関する新たな課題が生じた。

　キャリアパス制度・賃金体系やキャリア支援の仕組みの「見える化」を進めているが、事業所によっては「実際の職員配置とキャリアパスが合っていない」「キャリアパスを構築していても活用ができていない」「年齢が若く、知識やスキルが不十分で、本来であれば一般職である給与等級の低い職員であっても、最初の役職であるユニットリーダーに任命せざるを得ない」ことが発生している。また、職員によっては「キャリアパスに書かれていることと実際が伴わない」「言われた通りやっても何も変わらない」等の課題がある（福島県保健福祉部 2020）。このように、政府の努力にもかかわらず、労働環境の厳しさや将来の不安が解消されていない理由は、どんどんでき上がっている制度とそこから発生する社会的現実との乖離にあると考えられる。

4．これから深めていくべきテーマ／エビデンスに基づいた効果的な介護人材育成プログラム

　近年の介護人材確保に関する政策をみると、介護職の専門性の向上とともに「根拠ある介護」の実践の必要性が注目され、介護人材の量的確保だけでなく、質的確保も喫緊の課題として取り上げられている。しかしながら、介護人材の参入促進の段階から質的確保より量的確保を優先的に目指し、介護関連資格の取得者に加えて、若者、障害者、元気な高齢者、介護未経験者、他業界の者等の参入を積極的に受け入れており、多様な人材層を類型化した上で、機能分化を進めている。

　実践現場において介護サービス提供の中核的な役割を担っている介護職の専門性を向上させることが求められる中、資質の有無にかかわらず、多様な人材を受け入れることによって、人材の質のみならず、提供する介護サービスの質も懸念されている。

　多様な人材層の意欲・能力に応じた役割・機能、必要な能力、教育、キャリアパスの在り方が求められている中、介護ニーズの多様化・高度化やマネジメント能力の必要性の高まりに対応した養成・教育プロセスの確立や役割の明確化等の方策も求められている（厚生労働省 2015）。その具体的な方策を提示するためには、まず、多様な人材の参入の実態を把握する必要がある。

　以上のことから、これから深めていくべきテーマは、エビデンスに基づいた効果的な介護人材育成プログラムの構築であるといえる。介護人材確保に対する総合的な政策対応策を提示するためには、「参入促進」「資質の向上」「労働環境・処遇の改善」の3つのアプローチに注目し、多様なルートから参入する多様な人材を対象に参入ルートと関連する属性・資格取得ルート等による違いを解明することが求められる（図表3 - 5）。

　特に、専門性認識に影響を及ぼす要因と、仕事の離職・継続意向に影響を及ぼす要因について明らかにすることが求められる。具体的には、職場研修の満足度と専門性認識の因果関係を明らかにするとともに、介護人材の参入ルートと関連する属性・資格取得ルートと職場研修の満足度の因果関係を明らかにする。さらに、専門性認識と仕事の満足度、働く上での悩み、不安、不満、仕事

図表３−５　これから深めていくべきテーマの仮説図

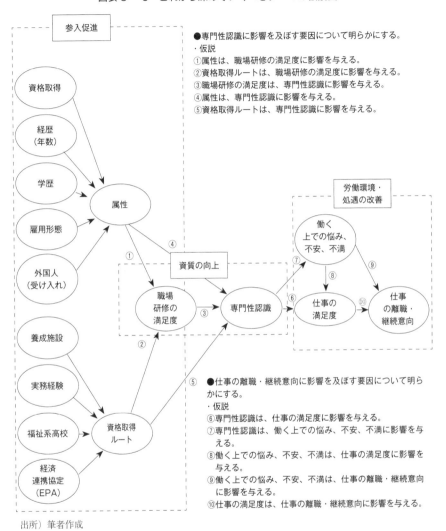

出所）筆者作成

の離職・継続意向との因果関係を明らかにする。特に、どのような要因との因果関係が強いのかについて明らかにする。

　ここで注意すべきことは、この仮説図には主観的項目が多く含まれていることである。エビデンスに基づいた効果的な介護人材育成プログラム構築のための実態把握調査をおこなう際には、主観的項目の数値化の工夫及び勤務体制（勤務時間、賃金、処遇）や専門性が高まる環境（研修有無、キャリアパス有無、評価仕組み）等客観的項目の追加が求められる。

　介護人材確保をめぐる政策の課題の検討から得られた知見を踏まえて、筆者のこれまでの研究である介護職の専門性の向上のために介護職の人材育成プログラム構築に関する基礎研究の次のステップとして、これまでの研究結果の「専門性認識（求められる専門性）」に加えて、これらに影響を与えている要因を実証的に検討することで、効果的な人材育成プログラムを構築し、それを一つのモデルとして提案したい。

手にとって読んでほしい5冊の本

1. 任セア（2020）『介護職の専門性と質の向上は確保されるか－実践現場での人材育成の仕組みづくりに関する研究』明石書店
   日本の実践現場における介護職の専門性の向上に向けて、体系化された介護職の人材育成の仕組みづくりに資する基礎的資料を提示するとともに、人材確保の観点から介護職の職場定着における今後の方向性について提言している。

2. 菅野雅子（2020）『介護人材マネジメントの理論と実践－不確実性を活力に変える「創発型人材マネジメント」』法政大学出版局
   介護労働の特性を踏まえて、介護職員の意欲と成長を促すための人材マネジメントの方策について、職場レベルのマネジメントと上司の関わりに着目して、介護人材マネジメントの理論構築をおこなう。

3. 中井良育（2018）『介護人材の確保と職場定着策－施設介護職員のキャリアと人材育成の視点から』晃洋書房
   職業キャリアの視点に重視しながら、介護人材の職場定着の方策を検討し、実証研究を通して、今後の人材育成策について提起している。

4. 森川美絵（2015）『介護はいかにして「労働」となったのか（現代社会政策の
   フロンティア）』ミネルヴァ書房
   　介護社会の中での介護の位置付けを歴史的に解き明かし、「介護の社会化」の
   功罪を「労働としての介護」という地平から社会学的に相対化することにより、
   介護労働の新たなパラダイム構築を展望する。
5. 大和三重（2014）『介護人材の定着促進に向けて－職務満足度の影響を探る
   （関西学院大学研究叢書）』関西学院大学出版会
   　介護人材について同様の手法を用いて分析することによって、施設と在宅の両
   方の介護人材の定着促進要因を明らかにし、労働環境の整備の促進、キャリア
   アップの仕組みの構築の重要性を示している。

第 4 章

介護サービスの質の評価
プロセス評価・アウトカム評価からみたケアのあり方と課題

鄭熙聖

グラフィック・イントロダクション

図表 4 − 1　本章のねらい

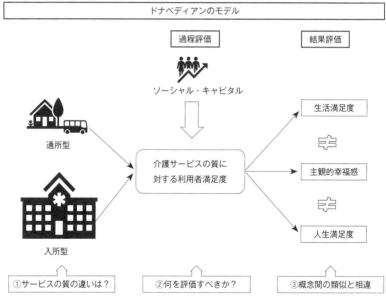

本章では、前章に引き続き、ドナベディアンのモデルを用い、ソーシャル・キャピタルを視野に入れた利用者の介護サービス満足度の各要素が、生活満足度・主観的幸福感・人生満足度といった上位の満足度とどのような関連をもつかを A 県の老人福祉施設協議会に所属する事業所 30 箇所を利用する 65 歳以上の高齢者の個別面接に基づくデータから検討し、介護サービスの利用者評価における課題を明らかにする。

1. 何が問題か／介護サービスの質をどのように評価するか

(1) 介護保険制度の現状と良質な介護サービス提供

　2014 年以降の介護保険制度改正の中心に、介護予防と包括的な支援体制、そして介護人材確保および業務効率化に向けた施策は目立つものの、もっとも重要だと思われる介護サービスの現状における利用者の状況認識やニーズは十分に反映されているとは言えない。介護保険制度の導入から 21 年を迎えた今日、介護サービスを利用する人々はどれほど満足のいく幸福な老後を送っているだろうか。それを知るためには、介護サービスの質を多面的にかつ継続的に評価することが重要であり、これは介護保険制度の理念である高齢者の尊厳と自立を支える権利を保障するためにも不可欠である。

　介護サービスの質を評価する方法は多岐にわたり、評価の趣旨や目的、評価対象によって導き出される結果と得られる示唆は評価方法によって異なる。利用者本位のサービス提供の実現に向けて、利用者を評価者（評価主体）として明確に位置付け、満足度を指標とした利用者評価を福祉サービスの評価システムの中に取り入れていくことが求められ（神部 2007）、供給者側と利用者家族などによる他者評価がいかに利用者の視点に近寄っても当事者の意思やニーズを代弁することはできない。ところが、介護事業所および介護施設が普遍的に活用できる利用者の観点に着目した評価指標は現在も見当たらない。そこで、利用者評価に着目した研究論文を検討し、今後の課題を明らかにする。

(2) 介護サービスの質向上のための利用者評価の活用

　日本では 1980 年代から介護サービスの質評価の重要性が指摘されてきており、介護保険制度の施行後、介護サービスの質評価が本格的に実施されるようになったが、その背景として、サービス提供者の多元化によるケアの質の格差、利用者選択に資する情報提供の必要性、高齢者のケアニーズの増大、巨額の公費（税金）投入に対する国レベルでの質の検討がある（伊藤・近藤 2012）。ケアの質を評価する際に、日本の看護・介護の領域ではドナベディアン（Donabedian 1966）のモデルが活用されてきた。具体的には、居宅介護サービスの利用者（n＝60）と家族（n＝38）への調査結果では、利用者

の周りの支援体制（構造評価）、サービスの提供過程（プロセス評価）、サービス利用効果（アウトカム評価）における課題が明らかにされている（小林ほか 2003）。また、ドナベディアンのモデルとケア関連 QOL（Care-Related Quality of Life）を組み合わせて「ケアの質の評価枠組みと要素」を再構築した研究（伊藤 2010）も報告されている。

　介護サービスの質評価に関する最近の研究動向をみると、介護職員の離職防止や定着、そして専門性の向上に関する研究が盛んにおこなわれているが（小野 2019、内田ほか 2021）、利用者評価に着目した研究はほとんど見当たらない。以下の図表 4 - 2 は、ドナベディアンのモデルとは関係なしに、介護サービスの利用者の認識に着目した研究を整理したものである。ここでは、「施設サービス満足度」尺度の開発に関する研究（神部ほか 2010）をはじめ、特別養護老人ホーム入居者に対する「施設職員の態度」が総合的満足度を高める要因であることが明らかにされた（神部ほか 2011）。なお、介護サービス利用者の主観的幸福感に関する研究も報告されており、その関連要因として、日常生活における自由度、施設内での人間関係、身体的健康状態（松平ほか 2010）、自然とのつながり感（川井ほか 2015）などが明らかとなった。これらの研究に共通するのは、介護サービスの質に対するプロセス評価またはアウトカム評価に

図表 4 - 2　介護サービスの質に対する利用者評価に関する研究

	著者	発表年	調査対象	評価項目
1	津軽谷	2003	在宅高齢者（n=64）、介護老人保健施設の入居者（n=31）	主観的 QOL（健康度、気分、家族関係、友人関係、経済状態、生活満足度、幸福度）を調査し、属性別に比較・検討する。
2	神部ほか	2010	特別養護老人ホームの入居者（n=113）	「施設サービス満足度（施設職員の態度、食事、施設での快適さ）」尺度を開発し、妥当性と信頼性を検討する。
3	松平ほか	2010	介護老人福祉施設の入居者（n=115）	主観的幸福感（PGC モラール・スケール改訂版）とその関連要因（基本属性、日常生活動作、健康状態、施設内の人間関係、生活の自由度）を検討する。
4	神部ほか	2011	特別養護老人ホームの入居者（n=113）	施設サービスに対する領域別満足度（施設職員の態度、施設環境の快適さ、食事）と総合的満足度の関連を検討する。
5	任生	2011	特別養護老人ホームの利用者（n=114）	生活意識（生活支援、生活意欲、他者関係、健康意識）と施設生活全体の満足度の関連を分析する。
6	川井ほか	2015	介護老人福祉施設と介護老人保健施設の入居者（n=128）	主観的幸福感（PGC モラールスケール）とその関連要因（健康度自己評価、自然とのつながり、自分と先祖・子孫との結びつき等）を検討する。

出所）筆者作成

とどまらず、その上位概念である施設生活全体の満足度（あるいは、主観的QOL、総合的満足度、主観的幸福感など）との関連も検討したことである。

　しかし、利用者評価に関する研究蓄積は十分とはいえず、いくつかの課題がある。第一に、介護サービスの質評価に対して様々な指標が用いられており、その項目の内容や範囲における検討が必要に思われる。第二に、最近の状況を反映した検討が求められる。具体的には、介護保険制度の改正をもとに新しく創設された介護事業所も視野に入れて、比較可能な分析の枠組みを用いた多面的な視点からの検討である。第三に、アウトカム評価の測定項目として類似した概念が多く用いられていたが、その概念間の関連性についての検討も必要であろう。

2. 研究のモデル

（1）何を明らかにするのか

　先行研究からの成果および知見を踏まえて、本章では、多施設比較検討、介護サービスの質評価に向けての施設外要因の導入可能性、アウトカム評価として用いられている施設生活全体の満足度などの関連概念間の関係の比較検討に注目した。具体的には、以下に詳述する。

　第一に、多施設比較検討に関連して、これまでの研究では特別養護老人ホームまたは介護老人保健施設の利用者を対象とした研究が大部分であるが、筆者は通所型と入所型の比較分析に着目した。要介護度の重度化に伴い、通所型サービスから入所型施設への利用が想定される中で、両者間における介護サービスの質を検討する。

　第二に、介護サービス満足度の評価項目に関する検討である。とりわけ、施設内の要因に限らない、施設外の要因にも着目し、介護サービス利用者がもつ固有のソーシャル・キャピタルを評価項目に加え検討する。本章においては、ソーシャル・キャピタルを、利用者と職員、利用者と家族、利用者同士の関係をはじめ、利用者自らが育んできた施設内外の社会関係資本を総称するものとする。高齢期は一般に、身体的能力と健康の衰退、引退、そして同年代や他世代の人々との人間関係への適応などが重要な課題となることが知られてい

る（Havighurst 1953）。介護というライフステージにおいても多様な人々との関係を維持でき、新しい関係を再構築するためのエージェントとして介護サービス事業者が機能することが求められているのではないだろうか。高齢者のソーシャル・キャピタルは、生きがい感（岡本 2008）および心身の健康状態（稲葉・藤原 2010）と有意に相関しており、ソーシャル・キャピタルの維持・活性化という視座は利用者本位のケアとその人らしい生活を実現するために極めて重要な要素である。利用者のもつ固有のソーシャル・キャピタルが、介護サービスの利用後にも失われることなく維持・活性化できるパラダイムへの転換は、利用者の QOL の向上を目指すものであり、単に高齢者の介護・看護・居場所だけでなく、人間としての大事な社会関係を再構築する場として認識することが重要であろう。

第三に、施設生活全体の満足度あるいは主観的幸福感などを目的変数として、介護サービス満足度との関係を検討した研究が発表されてきたが、何を目的変数にすべきかについての議論は進んでいない。そこで、先行研究の知見を踏まえて、目的変数として考えられる、生活満足度、主観的幸福感、人生満足度に注目し、要因間の関係を検討した上で、その特徴の明確化を試みる。

（2）調査対象

A 県老人福祉施設協議会の協力のもと、調査協力を得た事業所 30 箇所を利用する 65 歳以上の利用者を対象に個別面接を実施した[(1)]。調査対象者の選定においては、データの偏りを防止するため、各事業所での調査対象者の紹介は最大 10 人までとした。面接時には施設職員や他の利用者などの第三者がいないプライバシーが確保された場所でおこない、対象者に回答を得て記入する他記式で進めた。所要時間は一人当たり 30 分程度であり、調査期間は 2019 年 8 月21 日から 9 月 3 日であった。調査は、同志社大学「人を対象とする研究」の倫理委員会の承認を得て実施した（承認番号 18056）。

（3）測定尺度

プロセス評価を構成する評価項目は施設環境の快適さ、食事、介護職員の態度・介護、人との交流からなる介護サービス満足度を投入し、アウトカム評価

には生活満足度、主観的幸福感、人生満足度で構成した。基本属性は、性別、年齢、要介護度、サービスの類型である。

　介護サービス満足度の下位概念および測定項目は、神部ほか（2011）の「施設サービス満足度」と先行文献（高見ほか 2008、伊藤・近藤 2012、三菱 UFJ リサーチ＆コンサルティング 2016）を参考に 4 因子 18 項目で構成した。最終的に、「施設環境の快適さ」2 項目、「食事」3 項目、「施設職員の態度・介護」6 項目、「人との交流」4 項目、計 4 因子 15 項目を用いて介護サービス満足度を測定した。回答は、5 件法（1 点：「ほとんどそう思わない」〜 5 点：「とてもそう思う」）で求め、得点が高いほど介護サービスに対する満足度が高いことを示すようにした。

　生活満足度は、OECD や内閣府の「生活の質に関する調査」などで用いられている 1 項目版を使用し（内閣府 2019）、「あなたは全体として最近の生活にどの程度満足していますか」と尋ねた。回答は「0 点：全く満足していない」〜「10 点：非常に満足している」とし、得点が高いほど生活満足度が高いことを意味する。

　主観的幸福感は、内閣府（2011）の「国民生活選好度調査」で用いられた単一項目を活用した。現在の幸せについて、「とても不幸」を 0 点、「とても幸せ」を 10 点と 11 段階の点数の中から選択する形式で回答してもらった。

　人生満足度は、Diener et al.（1985）が開発した全 5 項目の SWLS（Satisfaction with Life Scale）の日本語版（大石 2009）を用いた。回答は「1 点：非常によく当てはまる」〜「7 点：全く当てはまらない」とし、得点が高いほど人生満足度が高いことを意味する。

（4）分析方法

　基本属性、介護サービス満足度、生活満足度、主観的幸福感、人生満足度に対して頻度分析および記述統計を実施した。変数間の関係を検討するため、t-test および ANOVA、スピアマンの順位相関係数を実施した。なお、利用者の生活満足度・主観的幸福感・人生満足度に対して、介護サービス満足度を構成する各因子の影響を検討するため、重回帰分析を実施した。統計解析には IBM SPSS Statistics 26 を活用し、欠損値を有さない 145 データを用いた。

3. 介護サービスにおけるプロセス評価とアウトカム評価の検証

（1）対象者の属性と平均比較

「女性」が 120 名（82.8％）であり、「80 歳以上 90 歳未満」が 69 名
（47.6％）と半分近くを占めた（平均 87.3 歳、範囲 69 〜 101 歳）。要介護度
は「要介護 3 以上」が 80 名（55.2％）と半分以上を占め、「入所型」が 108 名
（74.5％）であった。ｔ検定と一元配置分散分析を用いて、対象者の属性による
介護サービス満足度の構成因子に対する有意差を検討した結果、「要介護度」
と「サービスの類型」のみが、食事、介護職員の態度・介護、人との交流にお
いて有意差が認められた（図表 4 − 3）。

サービスの類型による生活満足度・主観的幸福感・人生満足度の平均の差を

図表 4 − 3　対象者の基本属性による介護サービス満足度

カテゴリー		人数 (n= 145)	（％）	施設環境の 快適さ		食事		介護職員の態度・ 介護		人との交流	
				M(SD)	t/F	M(SD)	t/F	M(SD)	t/F	M(SD)	t/F
性別	男性	25	17.2	4.44(.58)	-0.71	4.51(.59)	-1.77	4.08(.91)	-1.61	2.64(1.13)	-1.14
	女性	120	82.8	4.54(.63)		4.73(.42)		4.39(.71)		2.92(1.10)	
年齢	80 歳未満	17	11.7	4.38(.57)	1.03	4.59(.49)	0.74	4.23(.66)	0.21	3.22(1.12)	1.14
	80 歳以上 90 歳未満	69	47.6	4.49(.73)		4.67(.52)		4.35(.77)		2.87(1.06)	
	90 歳以上 M=87.3(SD6.5)	59	40.7	4.60(.49)		4.73(.37)		4.35(.77)		2.76(1.14)	
要介護度	要介護 3 未満	65	44.8	5.00(.00)	2.9	5.00(.00)	4.81*	5.00(.00)	3.62*	4.13(.78)	6.28**
	要介護 3 以上	80	55.2	4.43(.69)		4.59(.54)		4.21(.81)		2.63(1.06)	
サービスの類型	通所型 デイサービス	27	18.6								
	通所型 小規模多機能 型居宅介護	10	6.9								
	通所型 合計	37	25.5	4.69(.40)	1.92	4.87(.24)	4.03***	4.68(.49)	4.05***	3.61(1.01)	5.11***
	入所型 ショートステイ	19	13.1								
	入所型 グループホーム	22	15.2								
	入所型 特別養護老人 ホーム	67	46.2								
	入所型 合計	108	74.5	4.46(.68)		4.62(.50)		4.23(.79)		2.62(1.02)	

* ％は四捨五入のため、100％にならない場合がある
* p<.05, ** p<.01, *** p<.001
出所）筆者作成

図表 4 - 4　介護サービスの類型別の生活満足度・主観的幸福感・人生満足度の平均比較

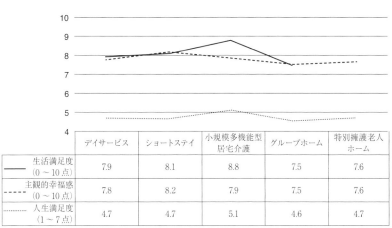

	デイサービス	ショートステイ	小規模多機能型居宅介護	グループホーム	特別擁護老人ホーム
生活満足度 （0 ～ 10 点）	7.9	8.1	8.8	7.5	7.6
主観的幸福感 （0 ～ 10 点）	7.8	8.2	7.9	7.5	7.6
人生満足度 （1 ～ 7 点）	4.7	4.7	5.1	4.6	4.7

出所）筆者作成

検討した結果（図表 4 - 4）では、グラフ曲線の傾向が類似していることが確認された。なお、「グループホーム」と「特別養護老人ホーム」において、生活満足度・主観的幸福感の平均値が相対的に低かった。

（2）介護サービス満足度と生活満足度・主観的幸福感・人生満足度に関する重回帰分析

　重回帰分析を通じて、介護サービス満足度を構成する各因子が、生活満足度・主観的幸福感・人生満足度に及ぼす影響を確認した。モデル 1 では基本属性のみを統制変数として投入し、モデル 2 では介護サービス満足度を構成する 4 つの因子を独立変数として投入して分析をおこなった。VIF はいずれも 3 未満を示した。

　第一に、介護サービス満足度の構成因子と生活満足度の関連について、モデル 1 では統制変数として性別、年齢、要介護度、サービスの類型を投入し、6.1％の説明力を示した。その結果、性別（ β =.202、p<.05）のみが有意な関係を示し、男性に比べて女性の生活満足度が高かった。モデル 2 では統制変数、施設環境の快適さ、食事、介護職員の態度・介護、人との交流を投入し分析した結果、31.6％の説明力を示した。その中で、介護職員の態度・介護（ β

図表 4 - 5　介護サービス満足度と生活満足度・主観的幸福感・人生満足度の関連

	生活満足度						主観的幸福感						人生満足度					
	モデル 1			モデル 2			モデル 1			モデル 2			モデル 1			モデル 2		
	B	β	t	B	β	t	B	β	t	B	β	t	B	β	t	B	β	t
(定数)	6.677			6.256			5.995			5.493			4.426			4.208		
性別	1.159	.202	2.448*	.645	.112		1.125	.207	2.528*	.593	.109		.377	.288		.158	.046	
年齢	.246	.075		.337	.103		.433	.140		.506	.163	2.292*	.057	.166		.084	.043	
要介護度	-.227	-.052		-.276	-.063		-.227	-.055		-.128	-.031		-.167	.263		-.107	-.041	
サービスの類型	-.375	-.075		.516	.104		-.093	-.020		.877	.186	2.093*	-.141	.301		.369	.124	
施設環境の快適さ				.187	.077					-.124	-.054					-.066	-.045	
食事				-.583	-.212	-1.999*				-.014	-.006					.071	.032	
介護職員の態度・介護				1.068	.464	4.131***				.733	.337	3.062**				.226	.165	
人との交流				.563	.223	2.369*				.815	.341	3.704***				.382	.253	2.398*
	R²=.061 Adj. R2=.035 F=2.289			R²=.316 Adj. R2=.276 F=7.856***			R²=.074 Adj. R2=.048 F=2.799*			R²=.344 Adj. R2=.306 F=8.932***			R²=.019 Adj. R2=-.009 F=.685			R²=.136 Adj. R2=.085 F=2.680*		

注1）* p<.05、** p<.01、*** p<.001
注2）介護サービス満足度の適合度と信頼性：CFI=.976、RMSEA=.053、Cronbach's *a* =.812。人生満足度の信頼性：Cronbach's *a* =.813
注3）性別（男性 =0、女性 =1）、要介護度（要介護 3 未満 =0、要介護 3 以上 =1）、サービスの類型（通所型 =0、入所型 =1）
出所）筆者作成

=.464、p<.001）、人との交流（β =.223、p<.05）が生活満足度に有意な正の関連を認め、食事（β =-.212、p<.05）は有意な負の関連を示した。

　第二に、介護サービス満足度の構成因子と主観的幸福感の関連について、モデル 1 では 7.4％の説明力を示し、性別（β =.207、p<.05）のみが有意な関連を認め、男性に比べて女性の主観的幸福感が高かった。モデル 2 では、統制変数の中では要介護度（β =.163、p<.05）、サービスの類型（β =.186、p<.05）が有意な正の関連を示し、独立変数では、人との交流（β =.341、p<.001）、介護職員の態度・介護（β =.337、p<.01）が有意な正の関連を示した。

　第三に、介護サービス満足度の構成因子と人生満足度の関連について、モデル 1 ではいずれの項目とも有意な関連が示されなかった。モデル 2 では、人との交流（β =.253、P<.05）のみが有意な正の関連が認められ、人との交流に対する満足度が高いほど人生満足度も高いことが示唆された。

4. 介護サービスの質におけるプロセス評価とアウトカム評価、今後の課題について

　介護保険制度の法改正に向けて、介護サービス利用者の声を反映させることの重要性が高まっている中で、利用者評価をめぐって、介護現場では普遍的に用いられる利用者評価の指標が定着されていないことや、評価項目に関する十分な検討がなされていなかったことから、未だ議論の中心にあると考えられる。そこで、筆者は、介護サービスの質における評価項目のあり方に着目した。介護サービスの利用者評価における先行研究を探り、そこから得られた知見を踏まえて、通所型と入所型の比較分析、評価要素として施設内に限らない施設外要因（ソーシャル・キャピタル）の導入の必要性、生活満足度・主観的幸福感・人生満足度といった相互類似性を有する各要因間の関連に注目し、調査・分析をおこなった。本章の結果を繰り返すと、以下のようにまとめられる。

　第一に、t検定と一元配置分散分析を通して、「要介護3未満」が「要介護3以上」よりも、そして「通所型」が「入所型」よりも、「食事」・「介護職員の態度・介護」・「人との交流」に対するサービス満足度が高いことが明らかとなった。第二に、生活満足度、主観的幸福感、人生満足度といった類似した概念の相関係数は、.409 〜 .658 の間に分布されており、施設類型別の平均分析の結果からも3つの要因のグラフ曲線が類似する傾向を示したが、重回帰分析の結果では次の相違点が導き出された。生活満足度については「介護職員の態度・介護」との関連が、そして主観的幸福感と人生満足度については「人との交流」がもっとも有意に関連していることが確認された。

　以上の結果を踏まえて、以下の課題が提案できる。

　第一に、生活満足度・主観的幸福感・人生満足度に対して、介護サービス満足度を独立変数として投入した際、明らかに調査結果に相違がみられたことから、どの尺度をアウトカム評価として投入するかに関する十分な議論をおこなう必要性が示唆された。質問内容や面接者の聞き方にもよるが、類似した概念と思われるものの、生活満足度は施設内という狭義の概念として認知される反面、主観的幸福感と人生満足度は人生全般における広義の概念として捉える傾向にあると推察される。介護サービスの質の向上にとどまらず、高齢者が幸福

な人生を送ることができる介護保険制度を目指すなら、利用者の幸福感および人生満足度などの人生全般を測定できる要素をアウトカム評価に取り入れる必要があるのではないだろうか。

　第二に、ソーシャル・キャピタルの視点に着眼した評価項目の導入である。利用者視点に基づく介護サービスの質の向上が求められている中で、これまでに利用者がもつ固有のソーシャル・キャピタルの維持は注目されていなかった。本調査の結果、「人との交流」と生活満足度の関連は目立たなかったかもしれないが、その一方で、主観的幸福感および人生満足度との強い関連が認められた点は、興味深い結果であろう。入居施設への入所は、その人の居住環境に大きな変化をもたらし、社会的に孤立しがちになる可能性が高い。このため、施設入所後も、その人の社会的ネットワークが失われることなく存続し、人との交流の機会を維持し、創り出すことができる支援と仕組みづくりが必要である。そのためには、介護サービス利用者のソーシャル・キャピタルを継続的に評価することが重要であり、それはその人らしい暮らしを支えるとともに、主観的幸福感と人生満足度の向上につながるだろう。

5. これから深めていくべきテーマ／利用者評価のための重要な視点

　近年、介護サービスの質の向上を目指して、介護分野における人材確保ならびに働き方改革の一環として、潜在的な人材の参入とともに、ロボット・ICTの利活用が推進されているが、これらがサービス利用者にどのような影響を与えるか、その効果検証が求められる。本調査の限界ともいえるが、意思疎通能力が不自由な介護サービス利用者への調査をいかに実現するかは、多くの研究者に残された課題であろう。この場合、科学的エビデンスに基づく介護サービスの成果を活用するとともに、見逃しがちな利用者本人の生活史やライフスタイルに対する情報を幅広く収集し、さらには各分野の専門家による助言等を参照にして利用者の尊厳が保持される方向で評価を進めることが重要であると考えられる。なお、ソーシャル・キャピタルに含まれる潜在的要素を探索的に検討していく基礎的研究も必要であろう。

介護サービスの質の評価項目には、介護という退行的なイメージから、ADLの低下や転倒の有無というリスクマネジメントなどのネガティブな側面が多く、高齢者の身体健康に議論が集中しがちである。その一方で、ポジティブな側面を介護サービスの質の評価要素に加味することに対する議論はなされていない。ポジティブな側面は、高齢者のサクセスフル・エイジングを基盤とする基礎的な視点でもあり、生物学的な健康状態および身体的な介護を超えた、包括的なケアならびに全人的ケアの実践に近づく評価要素として機能すると考えられる。

手にとって読んでほしい 5 冊の本

1. 上野千鶴子（2015）『ケアの社会学―当事者主権の福祉社会へ』太田出版
   ジェンダーとフェミニズムの視点から、誰が介護を担うべきかをはじめ、日本の高齢者介護を理解する上で基礎となる知識が記されている。
2. 上野千鶴子（2021）『在宅ひとり死のススメ』文春新書
   孤独死が恐れられている時代に、「在宅ひとり死」に対するイメージや心配をエビデンスのある議論に持ち込んで、実現可能な理由を展開している。さらに、今後の介護保険制度の達成すべき課題についても学ぶことができる。
3. 岸政彦（2015）『断片的なものの社会学』朝日出版社
   誰かの語りを聞くことの意義や重要性を学ぶ貴重な機会になる。
4. 白澤政和（2019）『介護保険制度とケアマネジメント』中央法規出版
   介護保険制度とケアマネジメントの創設 20 年に向けた長年の検討と今後の展望をまとめており、家族介護者と介護保険制度が果たすべき役割とは何かを追求している。
5. 関根薫（2019）『高齢期の幸福な老いとエイジズム』晃洋書房
   高齢期・高齢者に関する様々な理論と概念についてわかりやすく整理し、またエイジズムの関連要因に関する調査結果について紹介している。

注
(1) 調査は、郭芳氏（同志社大学社会学部社会福祉学科助教）・高橋順一氏（地域ケア経営マネジメント研究所主任研究員）と共同で実施し、そのデータの一部を用いた。

(2) 介護サービス満足度の変数間の相関係数は、.130 〜 .490 の間に分布しており、.5 以上の高い水準の相関関係を示した係数はなかった。生活満足度、主観的幸福感、人生満足度の関係においては、生活満足度と主観的幸福感（r=.658）がもっとも高かった。

第5章

介護サービスの質の評価をめぐる近年の議論と課題

アウトカム評価を通じた科学的介護の推進

李宣英

グラフィック・イントロダクション

図表5-1 アウトカム評価とサービスの質の向上に向けた課題

多面的評価項目の設定

アウトカム評価と
サービスの質の向上に
向けた課題

データの十分な蓄積　　　　　　　　　　　適切なインセンティブの提供

1. 何が問題か／根拠に基づく介護サービスの提供とアウトカム評価の不十分さ

　日本社会において、少子高齢化はますます進んでおり、それに従って介護サービスへの需要も増大している。そのような状況下で、限られた資源を有効に活用しつつ、効率的・効果的な介護サービスの提供が大きな政策課題として登場した。そこで、厚生労働省（2015a）では「このようなサービスがより多くの事業者によって提供されるためには、サービスの介入により、高齢者の自立した日常生活がどのように支援されたかを捉え、評価する枠組みが必要」であると指摘された。これまでの介護サービスの質の評価に関する既存の取組としては「介護サービスの情報公表」（すべての介護サービス事業者を対象に実

施）、「自己評価・外部評価」（小規模多機能型居宅介護事業者および認知症対応型共同生活介護事業者に義務づけられている）、「福祉サービスの第三者評価」（都道府県が実施）等があった。しかし、現実には、評価の枠組みは各事業所によって異なったり、事業所ごとに工夫した単独の評価を実施したりしており、比較可能な形での共通したデータはほとんどなかった。さらに、利用者に提供したサービスがどれだけ効果があるかに関する情報や客観的な根拠は示されていなかった。

　社会保障審議会の介護給付費分科会においては「今後の方向性として、介護サービスの質の評価が可能と考えられる指標について検討をおこなう」とされ、そのための検討委員会（介護サービスの質の評価のあり方に係る検討委員会）が 2009 年に設置された。そこで「具体的なサービス提供の内容が十分に把握できず、統一されたアセスメントツールが存在しないため、アウトカム評価について体系的な実施はなされていない」と指摘された。その後、2014 年度からは同委員会において、介護サービスのアウトカムの評価項目を設定するための検討が始まり、2020 年度からは専用のデータベースを開発し、現在運用中である。

　一方で、1990 年代以降、医療分野において「根拠に基づく医療（Evidence Based Medicine：EBM）」が強調されるようになり、近年、介護サービスの提供においても同様の傾向がみられるようになった。内閣府（2017）は「介護分野においても科学的手法に基づく分析を進め、エビデンスを蓄積し活用していくことが必要であるが、現状では、科学的に効果が裏付けられた介護が、十分に実施されているとは言えない」と指摘し、科学的裏付けに基づく介護の普及と実践をはかるための動きが進められている。

2.　介護サービスの質を確保するための様々な取り組み

　介護保険制度においては、大きく①指定基準、②指導監査、③介護サービスの情報公表、④介護報酬による評価などの方法を通じて、一定の質を確保するための取り組みをおこなっている（厚生労働省 2014）。つまり、人員や設備に関する基準や運営に関する基準を設け、定まった基準を満たしている施設にの

み運営を許可している。そして、定期的な指導監査を実施し、質の低い事業所については、指定の取り消しをおこなったり、適切な指導をおこなっている。さらに、施設評価の結果については指定のホームページを通じて公表しており、利用者と事業者間における情報の非対称性を最小限にするための措置を設けている。最後に、介護報酬上におけるインセンティブを与えることによって、事業者自ら質の高いサービスを提供するように促している。

　これまでの介護サービスの質を確保するための取り組みをドナベディアン・モデルに当てはめてみると、ストラクチャー評価とプロセス評価に関しては、介護保険制度の導入された当初から導入されていたといえる。これらの評価は成果にとらわれず、かけた手間や体制等を客観的に評価することができる。そこで、事業者は手間をかけること自体が評価されるため、サービス提供方法を効率的にするインセンティブや、利用者の状態改善等の効果をあげようとするインセンティブが働きにくいという特徴をもつ（厚生労働省 2015a）。

　一方で、アウトカム評価については、これまでほとんどおこなわれていなかった。しかし、より効果的・効率的な介護サービスの提供に向けた取組を促すには、利用者の状態改善等のアウトカム（結果）の観点からの評価を活用することが望ましい（厚生労働省 2015a）。しかし、アウトカム評価の限界としては、事業者がアウトカムの改善が見込まれる高齢者を選別する等、いわゆるクリームスキミングが起こる可能性がある点が挙げられる。介護サービスの評価におけるアウトカム評価は、前述したストラクチャー評価とプロセス評価と比べればごくわずかではあるが、アウトカム評価が可能なものについては、加算の見直し・拡充等により、順次導入が進められている。

　それでは、介護サービスにおけるアウトカム評価はなぜ難しいのかについてみてみよう。まず、介護サービスについては、アウトカム評価項目を設定すること自体が簡単ではない。たとえば、医療サービスの場合、病症が改善されたなら「良い医療サービス」と判断することができる。しかし、介護サービスの場合、社会・文化的価値観の違いや個人の考え方によって左右される側面が強い（厚生労働省 2015a）。そのため、アウトカム評価の項目の設定について合意を得ることが難しいといえる。

　介護サービスのアウトカム評価指標として、医療サービスと同様に「高齢者

の状態の変化」に絞った場合であっても議論の余地はある。まず、高齢者の状態というのは、改善と悪化を繰り返すことが多く、状態に一貫性のない場合が多いことが挙げられる。たとえば、認知症の症状は、測定する時点によって判断が分かれる可能性が高く、判断自体も主観的に評価される余地が多いため、客観性を担保することが難しい。

また、高齢者の状態の改善には、直接提供される介護サービスのみならず、生活全般にわたる環境の影響が大きい。つまり、本人の生活パターンや病症に対する考え方、そして家族や周りとの関係など、日常生活で起きる諸要因が影響を与える。さらに、居宅サービスの利用者は複数の事業所を利用する場合が

図表5－2 介護報酬上におけるストラクチャー・プロセス・アウトカムの評価
（介護老人福祉施設の場合）

ストラクチャー	認知症専門ケア加算	常勤専従医師配置加算
	夜勤職員配置加算	精神科医師定期的療養指導に係る加算
	日常生活継続支援加算	障害者生活支援体制加算
	看護体制加算	配置医師緊急時対応加算（2018新設）
	介護職員処遇改善加算	安全対策体制加算（2021新設）
	準ユニットケア加算	サービス提供体制強化加算（2021改正）
	定員超過利用の減算	夜間勤務条件基準に係る減算
	人員基準欠如の減算	安全管理体制未実施減算（2021新設）
	ユニットにおける職員に係る減算	
プロセス	初期加算	経口移行加算
	再入所時栄養連携加算	経口維持加算
	退所前訪問相談援助加算	在宅・入所相互利用加算
	退所後訪問相談援助加算	若年性認知症利用者受入加算
	退所時相談援助加算	看取り介護加算（2018改正）
	退所前連携加算	生活機能向上連携加算（2021改正）
	外泊時費用に係る加算	*栄養マネジメント強化加算（2021新設）
	外泊時在宅サービス利用の費用加算	*個別機能訓練加算（2021改正）
	療養食加算	*口腔衛生管理加算（2021改正）
	身体拘束廃止未実施減算	
	栄養管理未実施減算（2021新設）	
アウトカム	在宅復帰支援機能加算	*ADL維持等加算（2021新設）
	*排せつ支援加算（2018新設）	*自立支援促進加算（2021新設）
	*褥瘡マネジメント加算（2018新設）	*科学的介護推進体制加算（2021新設）

＊：LIFE活用を要件として算定される。
出所）厚生労働省（2021）「介護給付費等の算定に係る体制等状況一覧表」に基づいて作成

多いため、特定のサービスによる効果を測定することが現実的に不可能である。以上の理由により、介護サービスのアウトカム評価を実施することは非常に難しく、これまでそれほど進んでいなかった。

　しかし、近年の介護政策の改革は、介護報酬上においてアウトカム評価に係る項目を大幅に拡大する方向へ進んでいる。図表5－2は、介護老人福祉施設の運営において、ストラクチャー・プロセス・アウトカムの各々の側面における介護報酬の加算・減算制度を示している。2018年改正前においては、ストラクチャーとプロセスの側面からの加算・減算制度がほとんどであり、アウトカムに係るものは「在宅復帰支援機能加算」のみであった。しかし、2018年と2021年の介護報酬改正において、介護サービスのアウトカム評価に係る加算制度が大幅に拡充され、事業者がより良いサービスを提供し、その結果として請求できる加算を導入することにより、サービスの質の改善に向けたモチベーションを向上させる。さらには「介護サービスの質を管理するためのデータベース（LIFE）への入力の義務づけ」と「介護報酬加算の支給」を連動させて、政府においても計量化されたビックデータの収集を可能とすることによって、エビデンスに基づいた介護サービスの提供体系を構築する基盤を設けたのである。

3．アウトカム評価を導入するに至るまでの議論の流れ

　以下では、介護サービスの質の評価において、アウトカム評価を拡大することになった議論の変遷について整理する。特に、厚生労働省社会保障審議会の介護給付費分科会において、これに関する議論が進められてきている。

　最初に、2005年度の分科会において「利用者との意思疎通に基づく適切なケアマネジメントの実施を前提としつつ、サービスの質、機能などに応じ、プロセス、成果を積極的に評価する必要性」（厚生労働省2005）が強調されたことに遡ることができる。

　その後、2009年に「介護サービスの質の評価のあり方に係る検討委員会」が設置され、「介護保険サービスにおける質の評価に関する調査研究」が実施され始めた。当初は、「要介護度」が重くなるほど介護報酬が高くなるため、

「要介護度」を軽くするインセンティブが事業者に働きにくいのではないかという観点から、「要介護度」に着眼したアウトカム評価が検証された。その主な結果としては、以下の3点が挙げられる（厚生労働省 2011）。第1に、「要介護度」については、関連要因が複合的に関与し合っており、利用者個人の要因による影響が大きく、また調査期間中に、新たな要介護認定を受けていなければ利用者の状態が変化していたとしても「要介護度」としての変化は示されないことから、アウトカム指標として「要介護度」の改善や悪化を指標とする評価をおこなうことには課題が多い。第2に、「要介護度」に限らず、利用者の状態の維持・改善に関するアウトカム指標を設定するためには、さらなるデータ収集が必要である。第3に、一方、介護報酬においては、個別に実施したサービス内容に応じた報酬体系となっていない（提供時間等に応じた包括的な報酬）ことから、既存の報酬請求のデータでは利用者の状態とこれに対する具体的なサービス提供内容が十分に把握できず、データの蓄積が十分ではない。

（1）データの蓄積のスタートおよびアウトカム評価項目の開発

　以上の検討結果を踏まえ、2012 年度からは、介護保険レセプト情報を市町村から収集し、「介護保険総合データベース」（介護 DB）を作成する作業がスタートした。さらに、平成 25 年度の報告書においては、「質の評価をおこなう上で大きな課題となっていたのは、統一されたアセスメントツールが存在しない」ということが指摘された（厚生労働省 2014）。

　それを受けて、2014 年度からは、統一されたアウトカムの評価項目を検討する作業が始まった。まず、初年度である 2014 年度には、アセスメントに用いる項目についての検討がスタートされた。高齢者の自立支援の障害となり得るハザードの回避・緩和のための取組を評価することは、介護サービスの質として客観的に評価が可能であるため、高齢者に高頻度で起こり得る転倒、褥瘡等に起因する介護依存度を高めるリスク予測のために必要な情報に着眼して、検討がなされた。そこで、心身機能に関する7つのハザード（転倒、発熱、誤嚥、脱水、褥瘡、移動能力、認知機能）を設定し、これらを基に、質の評価をおこなう上で必要なデータの検討を実施した。その結果を踏まえ、データ項目案（データ項目 ver.1）を作成した（厚生労働省 2014）。

その後、次年度には、データ項目 ver.1 のデータ収集可能性およびハザードの発生を予測する際のデータの妥当性（ハザードの発生を予測するアセスメント項目としてふさわしいか否か）の検証を実施し、その結果に基づいて、サービスサービスの質の評価に必要なデータ項目案の修正版（データ項目 ver.2）が発表された（厚生労働省 2015b）。

　2016 年度からは、本格的に現場に適用した検証が実施される。介護老人福祉施設も含めて、評価項目の妥当性を検証した結果、「転倒」「発熱」「誤嚥性肺炎」「脱水」「褥瘡」の各ハザードの既往のある群とない群で、2 か月後のハザードの発生状況を確認したところ、比較的高い差がみられた（厚生労働省 2016）。言わば、検討委員会から提案された評価項目の妥当性が高いことが確認されたのである。翌年の 2017 年には、通所介護・訪問リハビリテーション事業所からリハビリ計画書等の情報を収集し、VISIT（monitoring & evaluation for rehabilitation Services for long-term care）[1]と呼ばれるデータベースを作成し、運用を開始した。さらに、各施設・事業所で活用している様々なアセスメント指標の互換性を検証する作業を実施し、その結果を踏まえて、データ項目 ver.2 の見直し・修正がおこなわれた（厚生労働省 2017）。具体的なデータ項目 ver.2.1 は図表 5 − 3 のとおりである。

図表 5 − 3　データ項目 ver.2.1

基本情報		項目	7 つのハザード		項目
(1)	ADL の状況	入浴、排泄、食事摂取、更衣、個人衛星	(1)	転倒	過去 3 か月間の転倒の有無
(2)	基本動作	寝返り、座位の保持、座位での乗り移り、立位の保持	(2)	発熱	過去 3 か月間の 37.5 度以上の発熱の有無
(3)	排泄の状況	尿失禁、便失禁、バルーンカテーテル等の使用	(3)	誤嚥	過去 3 か月間の誤嚥性肺炎の有無、）嚥下機能の低下、摂食困難
(4)	食事の状況	食事の回数、食事量の問題	(4)	脱水	過去 3 か月間の脱水状態の有無
(5)	視力の状況	視力の状況	(5)	褥瘡	過去 3 か月間の褥瘡の有無
(6)	薬の状況	服薬状況	(6)	認知状態	見当識、コミュニケーション、認知機能、周辺症状
(7)	歯の状態	義歯の有無、歯磨きの実施状況	(7)	移動	歩行・移動
(8)	入院	過去 3 か月間の入院の有無			
(9)	在宅復帰	過去 3 か月間の在宅復帰の有無			

出所）厚生労働省（2017）を基に一部修正

最終的にデータ項目 ver.2.1 が作成され、現在はこれに基づいてデータの収集がおこなわれている。しかし、これにも多くの課題は残っており、2017 年度の報告書においては、大きく以下の 3 つの課題が指摘された。第 1 に「他施設・事業所等とのアセスメント情報の共有」に関して、他施設・事業所等からはアセスメント情報を殆ど受け取っていないケース、受け取っていても時点や環境の差異により状態が大きく異なるため、活用されなかったケース、自施設・事業所で作成して独自のフォーマットにアセスメント結果を記載しているケースと様々であったことが明らかになった。第 2 に、データ項目 ver.2 に関して、行為単独では評価が可能だが、認知症で意欲がなくなってしまい、途中でできなくなってしまうケースの場合には、評価が難しいことが今後の課題として浮かび上がった。たとえば、食事摂取の途中で食べなくなるケース、また、排泄を自身でしているが、尿とりパッドが汚染されているケースなど、自分でおこなってはいるが、実際にはできていないケースなどの場合には評価が困難であることが指摘されたのである。第 3 に、データ項目 ver.2.1 の殆どは、身体的な改善に着目しており、「社会への参加」や「身体症状の維持（麻痺、拘縮等）」「環境」面での評価項目がないという指摘を受けた。しかし、その後、評価項目の修正には至らず、以上の問題点が改善されていないまま、現在に至っている。

（2）アウトカム評価に関連した加算制度の検証

　さらに、2018 年の介護報酬改正においては、アウトカム評価を充実させるための施策の一環として「排せつ支援加算」「褥瘡マネジメント加算」「ADL維持等加算」等が導入された。そして、2018 年度と 2019 年度には、具体的な加算制度の効果を検証する作業がおこなわれた。

　まず、2018 年度には「褥瘡マネジメント加算[2]」を算定するまでのプロセスおよびその効果が検証された。報告書によると、褥瘡マネジメント加算を「算定している」と回答した施設は、介護老人保健施設では 37.3％、介護老人福祉施設では 19.2％にとどまり、ほとんどの施設では褥瘡マネジメント加算を算定していないことが明らかになった。褥瘡マネジメント加算を算定していない施設のうち、今後の加算の算定予定について「今のところ、予定していない」と

答えた施設の割合は、介護老人保健施設で 40.2%、介護老人福祉施設で 47.1% となっており、これらの結果は、加算の効果があまりなく、制度の改正が必要であることを裏づけている。なお、加算を算定していない理由としては、「入所者ごとの褥瘡ケア計画を作成するのが難しい」と回答した施設が約 3 ～ 4 割ともっとも多く、そのほか「加算の単位数が少ない」等の意見があった（厚生労働省 2018）。

2019 年度には、「ADL 維持等加算[3]」を算定するまでのプロセスおよびその効果を検証する作業が実施された。調査報告書によると、ADL 維持等加算を算定している事業所は、通所介護で全体の 2.6%、地域密着型通所介護で 0.3% にとどまっており、前年度に調査した褥瘡マネジメント加算よりも算定率が極めて低いことが明らかになった。加算を届け出ていない理由として、「要介護 3 以上の割合の要件を満たせない」が 47.4% でもっとも多く、次いで「Barthel Index[4] の評価負担が大きい」が 43.3%、「事務負担が大きい」が 36.4% 順となっている。そして、ADL 維持等加算について緩和・改善してほしいこととして、加算を算定している事業所の 82.1% が「単位数を改善してほしい」と答えている。届出のみしている事業所についても、ADL 維持等加算を請求していない理由は「加算単位数が少ない」ことの割合がもっとも多く、34.9%（適合あり）、40.3%（適合なし）であった（厚生労働省 2019）。以上の結果から、ADL 維持等加算も褥瘡マネジメント加算と同じく、事業者側が利用者の ADL を改善したり褥瘡の発生を防止するために努めるように働きかけるためには、加算制度の大幅な改正が必要であることが浮き彫りになった。

（3）アウトカム評価の本格的なスタート

数年間にわたる評価項目の開発・検証作業を踏まえ、2020 年度からは、本格的に介護サービスにおけるアウトカム評価がスタートした。CHASE（Care Health Status & Events[5]）というデータベースで、2017 年度に提案された「データ項目 ver.2.1」についてデータ収集を始めたのである。それと同時に CHASE（老健、特養等）、VISIT（訪問、通所リハ）に登録した施設・事業所を対象として、「フィードバック」の試行調査およびアンケート調査を実施した。その結果、CHASE システムへ入力することの負担感は、「大きい」また

は「どちらかといえば大きい」が約9割であり、入力への負担を軽減するための何らかの措置が必要であることが明確になった。また、過去2年以内に利用者に関するデータ分析（利用者のADL値の経時的比較等）を実施していないと回答した施設・事業所は73％であり、データベースに基づいたアウトカム評価の実効性は低いことが明らかになった。一方で、フィードバック票については、非常に肯定的に評価しており、今後、入力体制の改善がおこなわれれば、アウトカム評価におけるデータベースの活用の拡大可能性があることも同時に示された。

　以上を踏まえ、2021年の介護報酬は、アウトカム評価の仕組みを改善・拡充する方向へ改正がおこなわれた。「ADL維持等加算」については、単位数を10倍に引き上げたり、算定条件も省略化するなど、より多くの事業所が介護サービスの質を改善していくために、加算制度を積極的に活用するように促したのである。さらに、2021年度からはCHASEとVISITが統合されてLIFE（Long-term care Information system For Evidence）と名称を変え、本格稼働がスタートした。

　以上のように、介護サービス領域における質の評価をめぐる議論は、約10年間にわたって体系的におこなわれてきており、その結果、他の社会サービスより、いち早くサービスの提供による効果を測定しようとする動きが進んでいる。アウトカム評価項目の開発から改正、そして効果の検証に至るまで、エビデンスを蓄積し、今後もそれに基づいて科学的な介護サービスの提供を推進しようとする動きは、従来、社会サービス分野においてはほとんどみられなかった議論でもあり、日本の社会サービスの質をめぐる議論をアップグレードさせた革新的な改革ともいえる。

4．科学的介護の推進

　近年、介護サービス供給政策における大きな柱の一つは「科学的介護の推進」である。「科学的介護」は、科学的裏付けに基づく介護（厚生労働省2021b）を意味しており、2017年に開催された未来投資会議で言及された概念である（内閣府2017）。同会議において「現在の介護保険総合データベースで

は、サービス種別はわかっても、提供されたケアの内容までは記録されていない」と指摘を受けた。その結果、提供されたサービスの内容をデータベース化し、蓄積されたデータの分析を通して介護予防のためのサービスを提供していくこと、そして事業所や施設に対して、自立支援に向けたインセンティブを充実させることが今後の方向性として示された（厚生労働省・経済産業省2017）。その後、2017年に検討会（科学的裏付けに基づく介護に係る検討会）が発足し、2018年の中間とりまとめにおいては、介護保険総合データベースやVISITなどを活用して介護サービスの内容に関するデータベースを構築する必要性が指摘された（内閣府2017）。2020年からは本格的にデータベース（CHASE）を構築し、科学的介護を実現させるための取り組みを進めている。

　現在は、LIFEというシステムに統合されて運用中にある。まず、各事業所がLIFEに接続して利用者に関する情報や提供したサービスの内容、利用者の状態等に関する情報を入力する。このように、各事業所から集められたデータは匿名化されて厚生労働省のデータベースに蓄積される。厚生労働省は、それらのデータを基にフィードバックを送るという流れで運用している。同じような状況にある利用者のデータと比較した情報や事業者単位の評価に関するフィードバックをおこない、事業者はそれに基づいてより質の高いサービスを提供するように努めることができる（厚生労働省2021b）。LIFEの積極的な活用を促すために2021年の介護報酬改正において「科学的介護推進体制加算」を導入したり、一部の加算についてはLIFEの活用を前提条件として算定をおこなっている。以上のようにPDCA（Plan → Do → Check → Action）サイクルを推進し、エビデンスに基づく介護サービスを実現するとともに、介護サービスの質の向上につながることを意図している。

5. これから深めていくべきテーマ／サービス評価と質の向上の連動に向けた課題

　本章で検討したように、日本政府は介護サービスの提供に対する実質的な成果を評価し、それに関するデータを蓄積することにより、科学的介護を推進していこうとする動きを示している。数年間にわたり、アウトカムを測定するた

めの評価項目を開発し、介護報酬の改正を通じてそれに基づいて事業者にインセンティブを与えるための制度改革を実施した。これまで、高齢者分野をはじめ社会サービス分野において、アウトカム評価はそれほど注目されてこなかった側面がある。よって、今回の介護サービスをめぐる一連の改革は、社会サービス提供パラダイムの質を一層引き上げたと評価することができる。しかし、一方では、現行のアウトカム評価項目が適切なのか、実質的に介護サービスの質を向上させることができるのかなど、依然としてやや疑問が残る。本節では、介護サービスのアウトカム評価に残されたいくつかの課題について論じる。

　まず、介護保険法では、介護保険の理念について「高齢者が尊厳を保持し、その有する能力に応じ自立した日常生活を営むことができるよう、必要な保健医療サービスおよび福祉サービスにかかる給付をおこなうこと」（介護保険法第1条）であると明記している。このような観点に立脚してみると、現行のアウトカム評価に係る項目は、身体機能の改善など、一部に偏った評価ツールとなっている問題が指摘できる。

　国際生活機能分類（ICF）によると、自分らしく生きていくための生活機能は①体の動きや精神の動きである「心身機能・身体構造」、②ADL・家事・職業能力や室外歩行といった生活行為全般である「活動」、③家庭や社会生活での役割を果たすことである「参加」の3要素から成っている（厚生労働省2006）。しかし、現行のアウトカム評価は、心身機能、そのなかでも身体的な機能の改善に着目して評価をおこなっている。上記の介護保険制度の理念に立脚してみると、高齢者の状態の変化を多面的に捉える必要がある。とくに、「精神的な健康」と「活動」に関する評価は、介護サービスのアウトカム評価において欠かせないことである。検討委員会が立ち上げられた初期段階に「要介護度に着眼したアウトカム評価は困難」（厚生労働省2011）と指摘されたにもかかわらず、現在の評価項目もその範疇から大きく離れてはいないといえる。また、介護に対するニーズは、医療と異なり、加齢とともに高まっていくことが自然な流れである。さらに、施設の場合、入所基準が要介護3以上であり、重度の高齢者しか入所できない。入所の待機問題が解決されていない現段階で、クリームスキミングが起きる可能性も排除できない。

　そこで、身体的な機能に着目した既存の評価は、本来、政策で意図している

サービスの質の向上とは異なる可能性が低くないと考えられる。このような側面に着目すれば、身体的な状況は改善されないとしても、高齢者および家族の満足度が高まったり、QOL が向上したりしたならば、質の高いサービスの提供ができたと評価することができる。以上から、今後は「心身機能・身体構造」のみならず、「活動」や「参加」の側面からも介護サービスの成果を測定することができる評価項目を開発する必要があると考えられる。

　第2に、評価方式についての課題である。厚生労働省社会保障審議会の分析結果からも明らかになったとおり、アウトカム評価を実施することに従って、職員の負担が過重されたことは間違いない。そこで、職員の負担を軽減させるためのさらなる工夫が必要ではないかと考えられる。また、現在は自己評価の方式をとっており、介護職員自ら利用者の状態の変化を入力するようになっている。この場合、真の成果が測定できなかったり、形式的におこなわれたりする可能性がある。

　そこで、代替案としては、第三者が評価を実施する方法が考えられる。さらに、前述のとおり、身体機能は劣れていく場合であっても、他の側面から利用者や家族の満足度が高まり、結果的にサービスの質の向上につながるケースも少なくないことが想定される。そこで、介護職員ではなく、利用者本人または家族が直接システムに接続して評価を実施する方法も考えられる。このような方式への転換によって、サービスの質の評価の客観性を保つことができると同時に、職員の負担の軽減にもつながるのではないかと考えられる。

　第3に、インセンティブ水準についての課題である。前述のとおり、2018年からアウトカム評価に基づく加算が次々と導入されている。たとえば、ADL 維持等加算は、居宅系の介護給付の中では初めてのアウトカム評価加算として導入されたものである。しかし、導入当時の報酬単位は最大で月6単位となっており、報酬額が業務負担に比べれば低すぎるという批判を強く受けた。その結果、2021 年度の改正においては、10 倍引き上げ改正がおこなわれた。他のアウトカム評価加算についても、報酬額の水準および算定率について分析をおこない、適切な水準で運用されているかについて検討をおこなう必要がある。たとえば、業務負担よりインセンティブの水準が低ければ、加算制度があったとしても、実際の現場においては普及せず、サービスの質の向上につ

ながらない可能性があるため、今後、細密な分析と検証を実施していく必要があると考えられる。

手にとって読んでほしい5冊の本

1. 朝田隆・村川浩一編著（2021）『ポストコロナ時代の高齢者ケア─2025地域包括ケア転換期に立って』第一法規
高齢者ケアの本質的役割を明らかにするとともに今後の展望を見据え、その最新動向を総括している。

2. ジョセフ・スティグリッツ、アマティア・セン、ジャンポール・フィトゥシ著、福島清彦訳（2012）『暮らしの質を測る─経済成長率を超える幸福度指標の提案』金融財政事情研究会
われわれの暮らしの測り方について述べており、多面的な介護サービスの質の評価項目を考える際に役に立つ一冊である。

3. 塚本一郎・関正雄編著（2020）『インパクト評価と社会イノベーション─SDGs時代における社会的事業の成果をどう可視化するか』第一法規
サービスの社会的インパクトを可視化する手法とエビデンス重視の政策立案の考え方について事例を挙げて説明している。

4. Avedis Donabedian著、東尚弘訳（2017）『医療の質の定義と評価方法』健康医療評価研究機構
医療・保健サービスの質の概念や評価のあり方についてわかりやすく説明している。

5. 武藤正樹（2018）『医療と介護のクロスロード to 2025』医学通信社
医療と介護改革の評価をおこないながら、現状だけではなく、改革の背後にある過去の経緯や時代が向かう方向、さらに改革の真の意味まで深く探っている。

注

(1) 通所・訪問リハビリテーション事業所から、リハビリテーション計画書等の情報を収集するシステムであり、2017年から開始している。2018年度の介護報酬改正で、データ提出を評価するリハビリテーションマネジメント加算を新設した。利用者単位のフィードバックに加え、2019年3月からは事業所単位でのフィードバックもおこなっている。

(2) 褥瘡マネジメント加算とは、利用者に対して国の指標に基づいた評価をおこない、褥瘡のリスクを計画的に管理することで算定される加算のことである。2018年（平成30年度）の介護報酬改定から導入。対象サービスは、特別養護老人ホーム、地域密着型介護老人福祉施設入所者生活介護、介護老人保健施設、看護小規模多機能型居宅介護である。

(3) ADL維持等加算とは、通所介護や地域密着型通所介護のご利用者の心身機能の重度化を防止し、機能を維持できているかを評価することで算定できる加算のことである。2018年度の改定にて創設された。ADLの評価には、Barthel Indexが用いられている。

(4) Barthel Index（BI：バーセルインデックス）とは、広く用いられているADLを評価する指標のことである。食事、車いすからベッドへの移動、整容、トイレ動作、入浴、歩行、階段昇降、着替え、排便コントロール、排尿コントロールの計10項目を5点刻みで点数化し、その合計を100点満点で評価する。

(5)「科学的裏付けに基づく介護に係る検討会」において具体的な内容を検討し、2018年中間報告で、データベースに用いる初期項目として265項目を選定した。2019年取りまとめでは、基本的な項目として30項目を選定し、2020年度から運用を開始している。

日本の認知症政策とその評価をめぐって

　超高齢社会日本において政府は積極的に「認知症政策」を展開してきた。それでは、これまでの「認知症政策」はどのような成果を上げ、評価されてきたのだろうか。この問いに答えるのは容易ではない。なぜなら、「認知症政策」を構成している様々な施策・事業・プログラムの成果を一つひとつ具体的に検討する必要があるが、その内容や対象者などによって評価指標が異なるため認知症政策を一言で評価することは難しいからである。ここではまず、そもそもどのような認知症政策が展開されてきたのか簡単にまとめたあと、認知症サポーターの養成に焦点を当ててその成果を検討することにする。

1．これまでに展開されてきた主な認知症政策

　政府は、2004 年 12 月に「痴呆」から「認知症」へ名称を変えた後、2005 年より認知症について正しく知ってもらうための「認知症を知る 1 年」普及活動を進めた。その後、2012 年 6 月に「今後の認知症施策の方向性について」が発表され、2013 年 9 月に「認知症施策推進 5 か年計画（オレンジプラン）」（2013-2017 年）が策定された。政府は、厚生労働省を中心に策定していたオレンジプランを途中で見直し、厚生労働省をはじめ内閣官房・内閣府・警察庁・金融庁を含む関係 11 府省庁と共同で 2015 年 1 月に「認知症施策推進総合戦略：認知症高齢者等にやさしい地域づくりに向けて（新オレンジプラン）」を策定したのち、2017 年 7 月に数値目標の更新や施策を効果的に実行するために改訂したものを発表している。

　新オレンジプランの大きな特徴は、「認知症の人やご家族の視点の重視」が他の 6 つの柱である「普及・啓発」「医療・介護等」「若年性認知症」「介護者支援」「認知症など高齢者にやさしい地域づくり」「研究開発」に共通するプラン全体の理念でもあることである。

　さらに、2019 年 6 月には、認知症施策推進関係閣僚会議において「認知症施

策推進大綱」をまとめ、団塊の世代が 75 歳以上となる 2025 年までを対象期間とし、策定後、3 年を目途に、施策の進捗を確認すると発表した。認知症になっても住み慣れた地域で自分らしく暮らし続けられる「共生」を目指し、「認知症バリアフリー」の取組を進めていくとともに、「共生」の基盤の下、通いの場の拡大など「予防」の取組を政府一丸となって進めていくことを基本的な考え方としている。

2．認知症政策の評価をめぐって —— 認知症サポーターの養成を中心に

新オレンジプランでは、「認知症への理解を深めるための普及・啓発の推進」に向けて、1）広告等を通じ認知症への社会の理解を深めるための全国的なキャンペーン開催、2）認知症サポーターの養成を進めるとともに、地域や職域など様々な場面で活躍できるような取組を推進、3）学校において、高齢者との交流活動など、高齢社会の現状や認知症の人を含む高齢者への理解を深めるような教育を推進することを掲げていた。

ここでは、認知症サポーター養成を中心にその成果を検討することにしたい。2015 年 1 月に策定した新オレンジプランでは、認知症サポーターの人数を 2017 年度末までに 800 万人に、2020 年度末までに 1200 万人を目指すことを発表した。これらの数値目標を達成しているかが一つの評価基準になる。認知症サポーターキャラバンホームページ（2021 年 6 月 16 日アクセス）によると 2020 年末時点で、約 1285 万人を達成しており、新オレンジプランで掲げた数値目標は達成できたことが把握できる。なお、2021 年 3 月末時点で、1317 万人を達成している。

しかし、認知症サポーター数の数値目標を達成したことだけで、「認知症への理解を深めるための普及・啓発の推進」を評価することは難しい。そこで、参考にしたいのが次の手引きである。「認知症の人・高齢者等にやさしい地域づくりの手引き」によると、認知症サポーター養成講座の評価を測るために「あなたは地域の人々から大切にされ、地域の一員となっていると感じますか」という質問を無作為に割り当てられた人（2016 年度に全国 39 市町村在住の要介護認定を受けていない在宅高齢者の 1/8 を対象に自記式郵送調査を実施）に調査した結果、認知症サポーター養成講座回数（人口 1 万対）が低い（17 回未満）市町村で 38.2％、中等度（17 ～ 30 回）の市町村で 41.1％、高い（30 回以上）市町村で 49.5％が

「地域で大切にされている」と感じていることが把握できた（p<0.001）。

　他の因子などとの関係についても考慮する必要はあるものの認知症サポーター養成講座を熱心に開催している市町村では、住民の高齢者への接し方が良好である可能性が示された。「認知症サポーター養成」の取組は一定の成果を上げていると評価できる。一方で、その内容面では自治体によって成果が異なる。

3．今後の認知症政策評価のあり方について

　これまでの認知症政策は、その進捗状況を検討しつつ見直しがおこなわれ、オレンジプラン、新オレンジプラン、認知症施策推進大綱への関連政策が策定されてきた。しかし、いずれも認知症サポーターの養成と同様に数値目標を中心に評価され、内容面での具体的な検討が充分におこなわれていない。具体的な数値目標を提示することは望ましいが、数値目標を達成したことでどのような効果があったのか、その内容面での成果を検討する指標が必要である。

　また、各自治体の状況を量的かつ質的な指標を用いて評価する必要がある。たとえば、全国的には認知症サポーターの数報告に留まっているため、認知症サポーターの養成が進んでいる理由とその波及効果を把握することが難しい。さらには、認知症サポーター養成の次のステップとして量的な確保と合わせて質的な確保が求められているが、数値目標以外はどのように評価するかが課題となっている。ただ、注意しなければならないのは各自治体の実情によって共通の評価指標では充分にその成果を測れない場合がある。そのため、ひとつひとつの取組事例を共有し、どのような評価が適切であるか多角的な視点での検討が必要である。

（金圓景）

エイジズムを解消するための視点と方法について

1. エイジズムの解消に求められる視点

エイジズム（AGEISM）は、年齢に基づいた固定観念、偏見と差別までを含む概念であるが、まだ広く知られておらず、高齢者ではない人にとっては実感がない未来の問題とされることも少なくないだろう。しかし、エイジズムを「高齢者問題」として捉えることが多いなか若い人へのエイジズムも存在しており（原田ほか 2019）、より範囲を広げすべての人に関係のある概念としてエイジズムを捉え直す必要がある。なぜなら、エイジズムの根本的な問題は年齢で人の外見や考え方などを決めつけ個々人の人生における選択や生き方にまで影響を及ぼすことであり、年齢が属性の一つとされながら生きる人間にとってエイジズムは「生きている限り切り離すことができない問題」だからである。つまり、エイジズムを解消するためには、エイジズムを「わたしの問題」として考えることが重要である。

これまで筆者は認識（ステレオタイプ）がエイジズムの出発点であることから、解消のための方策を考える上でステレオタイプの重要性について強調してきた（朴 2020）。たとえば、エイジズムと類似した概念としてレイシズムとセクシズムはまだ完全に解消されていないが、多くの人に解決すべき社会問題として認識されるようになってきた。それには、長年にわたる社会運動、教育的アプローチ、差別的制度の変革を繰り返した歴史的な背景がある。この例からエイジズム問題においても多様なアプローチから人々にエイジズムを問題として認識してもらうことは自明な課題である。

2. エイジング教育と世代間交流

それでは、誰もがエイジズムを「わたしの問題」もしくは「無関係な概念ではない」という認識をもってもらうために、どのようなアプローチができるだろうか。ここでは、多様な世代への教育的アプローチを取り上げる。つまり、エイジング教育である。エイジズムは差別問題でもあるがその点だけが強調されてしまうと、そ

の構成要素や本質的な問題の理解ができないままになる可能性も否めず、認識を変えるためには概念を理解する教育は欠かせない。また、これまでのエイジズム研究から、未就学児が年齢ステレオタイプをもっていることが明らかにされ、年齢を重ねるほどエイジズムが強くなる傾向が確認できたことから、子どもから高齢者まで全世代を対象にした対策が必要と判断できるからである。さらに、WHOは2021年3月からエイジズムに立ち向かうキャンペーンを実施しており、その内容にはエイジングへの皮肉や認識を変えるための具体的な表現の訂正を呼びかけるとともに多世代間の接触、そして教育を取り上げている。

　このような動きから、エイジング教育を世代間交流事業のプログラムとして取り入れることは現実的で実現可能性の高いエイジズム解消方策の一つになるのではないだろうか。その理由は以下の通りである。

　日本の世代間交流事業は、戦後から全国的に実施されてきており、伝承遊びや絵本の読み聞かせなど教育的活動を含む「世代間交流の場における教育」は一つのプログラムとして定着している（草野ほか2007）。しかし、世代間交流事業の成功例や評価実施の希少性、単発的な実施にとどまっているなど抱えている課題は少なくない（村山ほか2013、有本ほか2020）。また、具体的なゴールを設定した世代間交流プログラムの実施とその評価は有本らのほかには見当たらない（有本ほか2020）。このように世代間交流プログラムの開発と評価が必要とされている中、エイジング教育をプログラムの一つとして取り入れ評価することは、世代間交流の本来の目的である異世代間の相互理解を深めるとともに関連研究や実践現場にも貢献できると思われる。

（朴蕙彬）

第 2 部

子ども福祉の政策評価

子ども福祉の政策評価　解題

　第2部は4つの章からなる。そのうち、第6章では国の少子化社会対策を取り上げ、それに続く3つの章では子どもの貧困とそれへの対策をめぐる諸問題を取り上げている。

　日本の少子化が衝撃的に受け止められたのは、1990年の「1.57ショック」であった。1.57とは1989年の合計特殊出生率であったが、以来、少子化は何らかの対策を必要とする問題として認識されてきた。しかし、少子化の進行をくい止める、これといった有効な手立てが講じられないままに、30有余年を経て今日に至っている。因みに2019年の合計特殊出生率は1.36である。

　第4章は、現在の少子化社会対策を検討することによって、そこに内在する問題を浮き彫りにするものであるが、同時にこれまでの少子化対策の展開に潜む問題をも示唆する内容である。ここで注意を要するのは、現在の政府においては、少子化そのものへの対策というよりも、少子化社会対策として政策・施策が考えられていることである。少子化による社会の人口構成の変化を問題にするならば、同時に進む超高齢化と合わせて、少子高齢社会という捉え方があってもよいはずだが、本書は政策評価を主題に据えていることから、政府の対策の枠組みに即して、少子化社会と高齢社会への政策的対応を別個に論じている。

　第2部では、少子化対策と子どもの貧困対策が一つの枠組みに収められている。少子化対策への着手が1990年代に遡るのに対して、3つの章で扱われている子どもの貧困は、今世紀に入って顕在化した問題であり、それへの対策となると2010年代に入ってからである。これらへの政府の対策も別個の問題として考えられている。しかし、少し立ち止まって考えてみたい。少子化が進行するなかで子どもの貧困が広がっていることを。少子化の背景には子どもを産み育てることに対する支援が十分でないという問題がある。そうしたなかで子どもの貧困が起こっている。政策や施策など対策が別個に考えられることはあっても、両者が関連し合っているという視点は忘れるべきでない。

　子どもを産み育てることに伴って親が引き受けさせられる不利は「子育て罰」（Child Penalty）といわれるような（末冨芳・桜井啓太『子育て罰――「親子に冷たい日本」を変えるには』）、子育てに手厚い支援が講じられない社会では親の

ウェルビーイングが高まるはずはなく、そんな社会で子育てがもっぱら親の責任に帰せられるのであれば、子どものウェルビーイングも高まりようがないのである。それは、親の貧困が子どもの貧困へと直結する社会でもある。3つの章で取り上げられる子どもの貧困への対処においては、経済的な状況への介入に止まらず、特に教育の充実によって子どものウェルビーイングを高める手立てを対策に組み入れることが重要であることが明らかにされる。

（矢野裕俊）

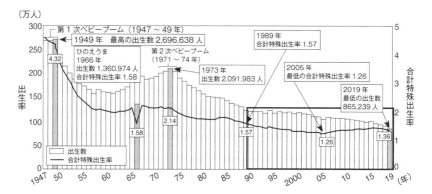

第6章

少子化社会対策をひもとく
目的・手段・成果の視点から

石田慎二・田中弘美・遠藤希和子

グラフィック・イントロダクション

図表6−1　少子化の動向

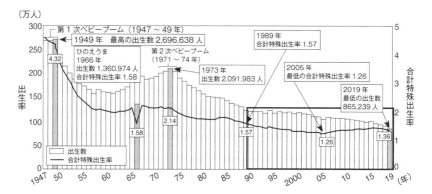

出所）内閣府編（2021）『2021年版　少子化社会対策白書』日経印刷、p.5を一部改変

　日本では、いわゆる「1.57ショック」を契機に少子化が社会問題として認識され、様々な施策が実施されてきている。後述するように2003年には少子化社会対策基本法が制定され、5年を1期とする少子化社会対策大綱による施策が講じられており、掲げられた数値目標の多くが達成されている。たとえば、認可保育所等の定員については、第1次少子化社会対策大綱では215万人、第2次少子化社会対策大綱では241万人、第3次少子化社会対策大綱では267万人といった数値目標が示され、その目標はほぼ達成されてきている。

　しかし、1990年以降、このような施策が講じられているにもかかわらず、図表6−1の黒枠部分をみても少子化社会対策が出生数の増加、合計特殊出生率の上昇に寄与しているとは言い難いのが現状である。それでは、これまで講じられてきた少子化社会対策は失敗しているのだろうか。

1．何が問題か／総花的な少子化社会対策を評価する

（1）エビデンスに基づく政策立案の課題

　2001 年に政策評価を規定する行政機関がおこなう政策の評価に関する法律(1)が制定された。これにより欧米諸国に倣った EBPM（Evidence-Based Policymaking）および政策評価（evaluation）が導入され、府省の報告書等ではロジック・ツリーや数値目標が提示されるようになった。

　しかし、その内容をみると少子化社会対策大綱に盛り込まれた施策自体が論理的一貫性をもって策定されているとは言い難い。その要因の一つとして日本の EBPM が「政治主導」によって導入された背景が考えられるが（小西 2020）、少子化社会対策についても同じ傾向がみられる。1990 年から 2000 年代初頭の少子化社会対策形成の時期には、様々な立場から相互に矛盾する政策案が出された（堀江 2008）。その結果、少子化社会対策大綱が総花的であると批判されるような政策となっている。EBPM の対義語として OBPM（Opinion-Based Policymaking＝意見に基づく政策立案）という表現があるが、少子化社会対策はまさに OBPM によって形成されてきたと言える。

　少子化社会対策にこのような問題があるなか、政策立案者が無策のまま過ごしてきたわけではない。「まち・ひと・しごと創生総合戦略」（2014 年 12月閣議決定）では、少子化対策に関連する重要業績評価指標（KPI ＝ Key Performance Indicators）を設定するなど、重点課題の明確化と政策評価の可視化に取り組んでいる。KPI は政策の進捗状況を検証するための指標であり、国として実現すべき成果（アウトカム）を重視した数値目標として設定された指標である。

　この KPI は第 4 次少子化社会対策大綱にも盛り込まれている重要な成果（アウトカム）指標である。しかし、その内容をみると、そもそもの KPI の設定がエビデンスに基づいておこなわれたのか、首をかしげたくなる（図表 6 - 2）。たとえば、「第 1 子出産前後の女性の継続就業率」を成果指標としているが、希望出生率 1.8 を目指すのであれば、「第 2 子出産後の女性の継続就業率」を指標に設定する方が合理的ではないだろうか。

　KPI が設定されているからこそ、政策評価に向けて議論ができるということ

図表6−2　若い世代の結婚・出産・子育ての希望をかなえる KPI

成果（アウトカム）指標	2020年目標値	評価数値
安心して結婚・妊娠・出産・子育てできる社会を達成していると考える人の割合	40%以上	40.5%（2018）
第1子出産前後の女性の継続就業率	55%	53.1%（2015）
結婚希望実績指数	80%	68%（2015）
夫婦子ども数予定実績指数	95%	93%（2015）

出所）第4次少子化社会対策大綱をもとに筆者作成

は確かである。しかし、少子化に歯止めがきかないどころか、出生数の低下が加速する現状では、少子化社会対策の政策目標の妥当性を問わなければならない。つまり、子どもを生み育てたいと国民が思えるような社会に向かって状況が改善されているという成果を期待できるような政策立案ができているのかが問題なのである。EBPM を目指すのであれば、少子化社会対策の「そもそも」の部分である目的と、それを実現するための手段（施策）と評価の基準となる成果指標に着目した政策デザインと理論を検証することが不可欠である。

(2) 総花的な少子化社会対策を評価するには

政策デザインと理論を評価する方法としてロジックモデルを使用したセオリー評価があるが、欧米の政策評価ではプロブレム・ツリーやロジック・ツリーといった、政策立案時の検討材料となる資料を出発点にすることが多い。しかしながら、日本における少子化社会対策においては、政策デザインと理論に対する事後評価を想定した資料が残されておらず、その政策形成過程はブラックボックス化してしまっているため、セオリー評価を実施するのが困難になっている。

このような状況においては、少子化社会対策全体を俯瞰したうえでの整理が必要となる。本章では、より体系化されたセオリー評価を目指すために、少子化社会対策の最新の方針を示す「第4次少子化社会対策大綱」を切り口に少子化社会対策の現状を批判的に分析・考察する。

具体的には、まず、少子化社会対策の変遷について少子化社会対策大綱を中心にふりかえったうえで、第4次少子化社会対策大綱の概要を整理する。さらに、その目標に対する手段と成果（アウトプット・アウトカム）の整合性を検

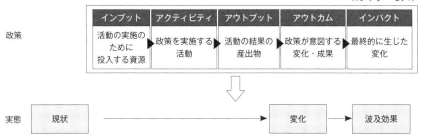

図表6－3　プログラム（政策）評価におけるロジックモデルの基本型

ロジック・モデル

	インプット	アクティビティ	アウトプット	アウトカム	インパクト
政策	活動の実施のために投入する資源	政策を実施する活動	活動の結果の産出物	政策が意図する変化・成果	最終的に生じた変化

実態	現状		変化	波及効果

出所）田中弘美（2020）「政策評価の重要性」埋橋孝文編著『どうする日本の福祉政策』ミネルヴァ書房、p.122

証するために、重点課題として挙げられている施策（手段）と、数値目標（成果）の対応関係を分析する。この作業によって、少子化社会対策の「目的」に対する「政策目標」「手段」「成果」の設定の合理性を議論する。

なお、「成果」にはアウトプット（output）とアウトカム（outcome）という概念が内包されるが、政策評価においては重要な違いがあるため、本章の分析においては、「〜数の増加」「〜している企業数」のように、インプット・活動を投入した結果の環境変化に関わる数値を「アウトプット」、そのような変化の先に起こる実態の変化を「アウトカム」として区別している（図表6－3参照）。

2．第4次少子化社会対策大綱に至るまでの経緯

（1）少子化対策基本法制定

日本では、1990年の1.57ショックを契機に少子化が社会問題として捉えられるようになった。1992年度の『国民生活白書』では公的文書で初めて「少子化」という用語が表記され、その現状と課題が解説・分析された。それ以降、「少子化」という用語は一般に使用されるようになり、『少子化社会対策白書』では1997年以降を「少子社会」と位置づけている。

1990年代は児童手当法改正（1991年）や、育児休業法施行（1992年）、「今後の子育てのための施策の基本的方向について（エンゼルプラン）」の策定

図表 6 - 4　少子化社会対策基本法に含まれる 8 つの基本的施策

	基本的施策	内容
1	雇用環境の整備	育休・労働時間の短縮・多様な労働機会の確保
2	保育サービス等の充実	病児保育等の充実、幼稚園・保育所の連携強化
3	地域社会における子育て支援体制の整備	民間団体の支援・地域実践
4	母子保健医療体制の充実等	妊娠・出産・不妊治療支援
5	ゆとりのある教育の推進等	教育の充実・子どもの学習機会の確保
6	生活環境の整備	住まい・公共スペース・安心安全な地域づくり
7	経済的負担の軽減	児童手当・奨学事業・子どもの医療費・税制上の措置
8	教育および啓発	安心して子どもを生み、育てることができる社会の形成について国民の関心と理解を深める

出所）少子化社会対策基本法をもとに筆者作成

（1994 年）など子育て支援に関連する公共政策の拡充が図られた。一方、少子化社会対策の本格的な政策介入は、1999 年 1 月超党派の議員による「少子化対策議員連盟」の設立と同年 12 月に提出された「少子化社会対策基本法案」を起源とする。当時の衆議院が解散となったため先延ばしとなったものの、2003 年 9 月に少子化社会対策基本法が施行された。

　図表 6 - 4 は同法に示されている基本的施策とその内容を整理したものであるが、①雇用環境の整備や保育サービス、子育て支援といった「両立支援」に関わる政策、②母子保健医療制度の充実、教育および啓発といった「妊娠・出産」に関わる政策、③生活環境の整備、ゆとりのある教育の推進といった「子育て環境」に関わる政策、④児童手当等の社会保障や税制上の措置を通した「経済支援」政策、が日本の少子化に対する公共政策の基本にあることが読み取れる。

（2）少子化社会対策大綱

　少子化対策基本法では 5 年を 1 期として、少子化に対処するための施策の大綱の策定を政府の義務としており、現在、2021 年 5 月に策定された第 4 次少子化社会対策大綱に基づいて施策が展開されている。

　図表 6 - 5 には、第 1 次から第 3 次少子化社会対策大綱の重点課題をまとめ

図表6-5 少子化社会対策大綱の重点課題（第1次〜第3次）

	重点課題	当時の内閣
第1次少子化社会対策大綱 2004年6月〜2010年1月	・若者の自立とたくましい子どもの育ち ・仕事と家庭の両立支援と働き方の見直し ・生命の大切さ、家庭の役割等についての理解 ・子育ての新たな支え合いと連帯	小泉 （第2次） 2001-2006
第2次少子化社会対策大綱 2010年1月〜2015年3月	・子どもの育ちを支え、若者が安心して成長できる社会へ ・妊娠出産子育ての希望が実現できる社会へ ・多様なネットワークで子育て力のある地域社会へ ・男性も女性も仕事生活が調和する社会へ （ワーク・ライフ・バランスの実現）	鳩山 （第1次） 2009-2010
第3次少子化社会対策大綱 2015年3月〜2020年5月	・子育て支援施策を一層充実 ・若い年齢での結婚・出産の希望の実現 ・多子世帯への一層の配慮 ・男女の働き方改革 ・地域の実情に即した取組強化	安倍 （第3次） 2014-2015

出所）内閣府「少子化の流れを変えるための4つの重点課題」（2004年6月）、内閣府「2010年版子ども・子育て白書」、内閣府「2015年版 少子化社会対策白書」を参考に筆者作成

た。少子化社会対策を総合的に推進することを目的として「少子化社会対策会議」が設置され、2003年から2020年までの間に15回開催されている。少子化社会対策大綱案はこの会議にて審議されている。

　ここでは、同会議にて決定された方針とそれに関連する政策目標に沿って、第1次から第3次の少子化社会対策大綱の目的の変化とそれに対する施策（手段）について整理する。

1）第1次少子化社会対策大綱（2004年6月〜2010年1月）

　少子化社会対策大綱の策定以前は、「少子化対策推進基本方針」（1999年）、「重点的に推進すべき少子化対策の具体的実施計画について（新エンゼルプラン）」（1999年）、「仕事と子育ての両立支援策の方針について」（2001年）を基に両立支援を重点とした政策が取られた。

　2002年には厚生労働省によって「少子化対策プラスワン」が取りまとめられ、さらに2003年には少子化対策推進関係閣僚会議において「次世代育成支援に関する当面の取組方針」が取りまとめられた。この取組方針では「『夫婦の出生力の低下』という新たな現象と急速な少子化の進行をふまえ、少子化の流れを変えるため、従来の取組に加え、もう一段の対策を推進することが必

要」としている。また、①男性を含めた働き方の見直し、②地域における子育て支援、③社会保障における次世代支援、④子どもの社会性の向上や自立の推進、⑤仕事と子育ての両立支援（待機児童ゼロ作戦）の５つを柱に据えており、これまで両立支援が中心となっていた少子化社会対策に多面性を持たせることになった。

　さらに、2004年に少子化社会対策会議で決定した「新しい少子化対策について」では、「家族の絆や地域の絆を強化すること」を目的に少子化対策の拡充と強化を図るという意向が示され、2007年12月には「子どもと家族を応援する日本」重点戦略が取りまとめられた。この重点戦略では、① 2030年頃までにおける労働力人口の減少を緩和するために、「若者、女性、高齢者等の労働市場参加」を実現すること、②「国民の希望する結婚や出産・子育て」の実現を重要課題とし、「仕事と生活の調和（ワーク・ライフ・バランス）の実現」と「包括的な次世代育成支援の枠組みの構築」を政策として位置づけた。この時期の少子化社会対策の特徴は、男女共同参画との連携が強く意識されていた点にある。

2）第2次少子化社会対策大綱（2010年1月〜2015年3月）

　2009年9月に政権交代が起き、少子化社会対策においても民主党政権による新たな政策が取られ、2010年1月に第2次少子化社会対策大綱である「子ども・子育てビジョン」が閣議決定された。

　第2次少子化社会対策大綱では「子どもと子育てを応援する社会」を目標に、「家族や親が子育てを担う（個人に過度な負担）」から「社会全体で子育てを支える（個人の希望の実現）」への転換を政策の目的とし、①子どもが主人公（チルドレン・ファースト）、②「少子化対策」から「子ども・子育て支援」へ、③生活と仕事と子育ての調和（M字カーブを台形型へ）という3つの視点を掲げた。本大綱に含まれる施策のなかでも特徴的なのは、民主党のマニフェストの中心にも据えられていた「子ども手当」の創設と児童扶養手当の父子家庭への支給開始である。

　こういった政策転換に対しては、バラマキ政策だとの批判もあるが、子どもの貧困やひとり親家庭の貧困の解消に限らず、子育て層の支援に効果があったと評価もされている。ただし、民主党政権が長続きしなかったこともあり、こ

の時期の政策はすぐに揺り戻されることになる。

3）第3次少子化社会対策大綱（2015年3月～2020年5月）

2013年6月に「少子化危機突破のための緊急対策」が少子化社会対策会議にて決定された。これは第3次少子化社会対策大綱の基盤となった政策であり、これまでの少子化対策について「個人の希望の実現という点で政策ニーズが高く、出生率への影響も大きいとされている『結婚・妊娠・出産』に係る課題については、これまでの取り組みは弱い」と評価して、「①『子育て支援』と②『働き方改革』をより一層強化するとともに、③『結婚・妊娠・出産支援』を対策の柱として打ち出すことにより、これらを『3本の矢』として推進する」としている。

2015年に閣議決定された第3次少子化社会対策大綱の副題が「結婚、妊娠、子供・子育てに温かい社会の実現をめざして」とあるように、これまで少子化の要因として挙げられてきた「晩婚化」「未婚化」「夫婦の出生力低下」に一歩踏み込んだ政策をとっており、特に「結婚」に対する政策介入を強めたことが特徴的である。

3．第4次少子化社会対策大綱の検証

（1）基本的な目標、基本的な考え方

第4次少子化社会対策大綱では、「一人でも多くの若い世代の結婚や出産の希望をかなえる『希望出生率1.8』の実現」と明記された。第4次少子化社会対策大綱では、この「希望出生率1.8」の実現に向けて、①令和の時代にふさわしい環境の整備、②国民が結婚、妊娠・出産、子育てに希望を見出せる社会をつくる、③男女が互いの生き方を尊重しつつ、主体的な選択により、希望する時期に結婚でき、かつ、希望するタイミングで希望する数の子供を持てる社会をつくることを、少子化対策における基本的な目標とするとされた。

また、基本的な考え方として、①結婚・子育て世代が将来にわたる展望を描ける環境をつくる、②多様化する子育て家庭の様々なニーズに応える、③地域の実情に応じたきめ細かな取組を進める、④結婚、妊娠・出産、子供・子育てに温かい社会をつくる、⑤科学技術の成果など新たなリソースを積極的に活用

する、の5点が示され、この基本的な考え方に基づいて「社会情勢の変化等を踏まえた、令和の時代にふさわしい当事者目線の少子化対策を進めていく」とされた。

(2) 施策の具体的な内容と施策に関する数値目標

第4次少子化社会対策大綱の推進にあたっては「将来の子供たちに負担を先送りすることのないよう、安定的な財源を確保しつつ、有効性や優先順位を踏まえ、できることから速やかに着手することとする」とされている。

上記で示した第4次少子化社会対策大綱の5つの基本的な考え方にはそれぞれに重点課題が示され、それに対応する「施策の具体的な内容」として101の施策が挙げられている。さらに「施策の具体的な内容」としては、重点課題のほかに「ライフステージの各段階における施策」として、①結婚前、②結婚、③妊娠・出産、④子育ての4つの段階に分けて、施策が挙げられている。

また、施策に関する数値目標として「子育て支援」について31項目、「結婚・妊娠・出産」について11項目、「働き方」について10項目、「地域・社会」について18項目、の計70項目が示されている。全体では、第3次少子化社会対策大綱と比較して12項目減少している。第3次少子化社会対策大綱から継続して示されているのは54項目で、16項目が新たに設定されている。「結婚・妊娠・出産」については11項目のうち4項目が新たに設定された項目となっている。

(3) 施策と数値目標の一貫性の検証
1) 重点課題の施策と数値目標

第4次少子化社会対策大綱では、「施策の具体的内容」と「施策に関する数値目標」は2つの別個の資料として示されているため、施策と数値目標の対応関係をみるには、これらを互いに照合する作業が必要になる。そこで、重点課題として「施策の具体的内容」に示されている施策を、大項目、中項目に整理したうえで、具体的に挙げられている施策数を図表6-6にまとめた（より具体的な小項目レベルの内容と施策の対応関係については資料1を参照のこと）。さらに、その右側には、「施策に関する数値目標」から、各施策との対応関係

図表6-6　重点課題の施策と数値目標

重点課題	大項目	中項目	施策数	数値目標数	うちアウトカム指標	うちアウトプット指標
1. 結婚・子育て世代が将来にわたる展望を描ける環境をつくる	（1）若い世代が将来に展望を持てる雇用環境等の整備	①経済的基盤の安定	5	3	2	1
	（2）結婚を希望する者への支援	①地方公共団体による総合的な結婚支援の取組に対する支援等	2	1	1	0
	（3）男女共に仕事と子育てを両立できる環境の整備	①保育の受け皿整備の一層の加速	4	3	1	2
		②保育人材確保のための総合的な対策の推進	1	0	0	0
		③放課後児童クラブ・放課後子供教室の整備及び一体的な実施	1	4	1	3
		④企業等による事業所内保育施設等の設置の促進	4	0	0	0
		⑤高等学校等における妊娠した生徒への配慮	1	0	0	0
		⑥育児休業や育児短時間勤務などの両立支援制度の定着促進・充実	7	1	1	0
	（4）子育て等により離職した女性の再就職支援、地域活動への参画支援		3	0	0	0
	（5）男性の家事・育児参画の促進		13	3	3	0
	（6）働き方改革と暮らし方改革	①長時間労働の是正	1	2	2	0
		②多様で柔軟な働き方の実現に向けた取組	6	1	1	0
		③雇用形態にかかわらない公正な待遇の確保に向けた取組	1	0	0	0
		④暮らし方改革	1	0	0	0
2. 多様化する子育て家庭の様々なニーズに応える	（1）子育てに関する支援（経済的支援、心理的・肉体的負担の軽減等）	①子育てに関する経済的支援・教育費負担の軽減	7	0	0	0
		②子ども・子育て支援新制度の着実な実施	1	0	0	0
		③保護者の就業形態や就業の有無等にかかわらない多様な保育・子育て支援の拡充	7	8	0	8
	（2）多子世帯、多胎児を育てる家庭に対する支援	①多子世帯に配慮した子育て、保育、教育、住宅など様々な面での負担の軽減策の推進	3	1	0	1
		②多胎児を育てる家庭に対する支援	1	0	0	0
	（3）妊娠期から子育て期にわたる切れ目のない支援		4	2	0	2
	（4）子育ての担い手の多様化と世代間での助け合い	①地域住民の参画促進による子育ての担い手の多様化	3	0	0	0
		②家族における世代間での助け合い	1	0	0	0

3. 地域の実情に応じたきめ細かな取組を進める	（1）結婚、子育てに関する地方公共団体の取組に対する支援	1	0	0	0
	（2）地方創生と連携した取組の推進	6	1	0	1
4. 結婚、妊娠・出産、子供・子育てに温かい社会をつくる	（1）結婚を希望する人を応援し、子育て世帯をやさしく包み込む社会的機運の醸成	4	2	0	2
	（2）妊娠中の方や子供連れに優しい施設や外出しやすい環境の整備	5	12	0	12
	（3）結婚、妊娠・出産、子供・子育てに関する効果的な情報発信	3	0	0	0
5. 科学技術の成果など新たなリソースを積極的に活用する	（1）結婚支援・子育て分野におけるICTやAI等の科学技術の成果の活用促進	5	0	0	0
	合計	101	44 43.6%	12 11.9%	32 31.7%

出所）筆者作成

が明確な数値目標数と、それらをアウトカム指標、アウトプット指標に区分けした数を示した。

　図表6-6のとおり、「施策の具体的内容」に列挙されている101の施策に対して、施策との対応関係が明確な数値目標は44（43.6％）である。さらに、この44の数値目標のうち、アウトカム指標が12（11.9％）、アウトプット指標が32（31.7％）である。このことから、本大綱では101という多くの施策が挙げられているものの、明確な数値目標を伴っている施策はその半分もなく、しかもアウトカム指標に限って言えば、約1割にすぎないという実態が浮かび上がる。

　次に、これらの数値目標が具体的にどのような分野の施策と対応しているのかをみると、全44の数値目標のうち、46.5％が「子育て支援事業の拡充」と子育てバリアフリーなどの「妊婦や子ども連れにとって外出しやすい環境の整備」に関するもので占められている。その次に多い「放課後児童クラブ等」を含めると54.5％にのぼる[5]。つまり、示されている数値目標の半分以上が、保育を中心とするサービス受け皿の拡大と、子育てバリアフリーの推進という分野に集中していることがわかる。さらに、そのほとんどがアウトプット指標である（図表6-7）。

図表6-7　重点課題の各施策に対応する数値目標

	アウトカム指標
1	若い世代の正規雇用労働者等（自らの希望による非正規雇用労働者等を含む）の割合
2	フリーターの数
3	結婚希望実績指標
4	保育所待機児童数
5	放課後児童クラブの利用を希望するが利用できない児童数
6	第1子出産前後の女性の継続就業率
7	男性の育児休業取得率
8	男性の配偶者の出産直後の休暇取得率
9	6歳未満の子供をもつ男性の育児・家事関連時間
10	週労働時間60時間以上の雇用者の割合
11	テレワーク制度等に基づく雇用型テレワーカーの割合
12	年次有給休暇取得率

	アウトプット指標
1	ジョブ・カード取得者数（累計数）
2	認可保育所等の定員
3	認可保育所等の定員（うち3歳未満児）
4	一体型を中心とした放課後児童クラブと放課後子供教室の計画的な整備
5	放課後児童クラブ
6	放課後子供教室
7	利用者支援事業
8	地域子育て支援拠点事業
9	一時預かり事業（幼稚園型を除く）
10	ファミリー・サポート・センター事業
11	病児保育
12	延長保育
13	短期入所生活援助事業（ショートステイ）
14	夜間養護等事業（トワイライトステイ）
15	子育て世帯における子育て支援パスポートの認知度
16	乳児家庭全戸訪問事業
17	養育支援訪問事業
18	地域評価指標等を活用して「地域アプローチ」による少子化対策に取り組む都道府県数
19	マタニティマークの認知度
20	ベビーカーマークの認知度
21	特定道路におけるバリアフリー化率
22	旅客施設のバリアフリー化率
23	園路及び広場がバリアフリー化された都市公園の割合
24	不特定多数の者等が利用する一定の建築物のバリアフリー化率
25	バリアフリー化された鉄軌道車両の導入割合
26	ノンステップバスの導入割合
27	リフト付きバス等の導入割合
28	バリアフリー化された貸切バスの導入割合
29	バリアフリー化された旅客船の導入割合
30	バリアフリー化された航空機の導入割合
31	福祉タクシーの導入台数
32	主要な生活関連経路における信号機等のバリアフリー化

出所）筆者作成

他方で、図表6－6に示したとおり、数値目標がゼロの施策分野もある。たとえば、「雇用形態にかかわらない公正な待遇の確保（非正規雇用対策など）」「保育人材の確保」「育児休業等の両立支援制度の定着促進」[6]「子育て女性の再就職・学び直し支援」「多様で柔軟な働き方の実現」[7]「子育てに関する経済的支援」などは、いずれも少子化の克服という目的において非常に重要な施策分野であるにもかかわらず、数値目標が伴っていない。

　さらに、101の施策を一つひとつ丁寧に読み進めていくと、「～について検討する」といった文言で終わっている施策が12（11.9%）ある。たとえば、男性の家事・育児参画の促進に関して「育児休業制度について、柔軟な取得を可能とするための分割取得の拡充を検討するとともに、配偶者の出産直後の時期を中心に、男性の休業を推進するための枠組みについて、取得しやすい手続や休業中の給付などの経済的支援等を組み合わせることを含めて検討する」といったものである。こうした施策は、一つの施策として挙げられてはいるものの、実質的には施策としての中身がないものとみなすことができるだろう。

　このような実質的に中身の伴わない12の施策のうち、男性の家事・育児参画の促進に関するものが4つある。「育児休業など男性の育児参画の促進」に関しては、9施策が挙げられており、一見するとこの分野に注力しているようにみえる。しかし、そのうちの4施策は実質的な内容を伴わないものなのである。同様に、「子育てに関する経済的支援」に関しても、とくに多子世帯への支援について中身の伴わない施策が2つある。

　さらに、「～について総合的な取組を推進する」といった文言で終わっている施策も3つあり、これらは「女性の学び直し支援」「ワーク・ライフ・バランスの実現」「国家公務員の女性活躍とワーク・ライフ・バランス」に関するものである。

　なお、「国家公務員の女性活躍とワーク・ライフ・バランス」に関しては、「第5次男女共同参画基本計画」の成果目標に、「国家公務員の男性の育児休業取得率（2025年までに30%）」「国家公務員の各役職段階に占める女性の割合（係長相当職（本省）を2025年度までに30)」が示されているが、なぜか少子化社会対策大綱の数値目標には含まれていない。

2）施策との対応が明確でない数値目標

　図表6－8のとおり、「施策に関する数値目標」に挙げられているもののうち、各施策との対応が明確でない数値目標が10あった。たとえば、「女性（25～44歳）の就業率」は、具体的にどのような施策の成果として位置づけられるのか、そもそも出生率向上などの少子化社会対策と女性の就業率との関係をどのように捉えているのかといった点が明示されていない。同様に、「理想の子ども数を持たない理由として『子育てや教育にお金がかかりすぎるから』を挙げる人の割合」は「子育てに関する経済的支援・教育費負担の軽減」に関する指標であろうと推察されるものの、具体的な施策レベルで、どの施策の成果としてこの数値目標を掲げているのかは明確でない。

　「結婚、妊娠、子供・子育てに温かい社会の実現に向かっていると考える人の割合」についても、「多様な主体の連携による子育てにやさしい社会的機運の醸成」に関する数値目標であろうと推察されるものの、この施策の中身をみると「社会を構成する多様な主体がそれぞれの立場で子育てを応援していく姿勢を持ち、社会全体で子育て応援の機運醸成を図るため、官民合同で、子育てにやさしい社会的機運の醸成に向けた国民運動を展開する」となっている。これについては、展開される「国民運動」の中身が不明瞭であるうえ、「結婚、妊娠、子供・子育てに温かい社会の実現に向かっていると考える人の割合」が

図表6－8　施策との対応が明確でない数値目標

1	地域において子育ての悩みや不安を相談できる人がいる保護者の割合
2	理想の子ども数を持たない理由として「子育てや教育にお金がかかりすぎるから」を挙げる人の割合
3	理想の子ども数が3人以上の方で理想の子ども数を持たない理由として「子育てや教育にお金がかかりすぎるから」を挙げる人の割合
4	夫婦子ども数予定実績指標
5	夫婦子ども数予定実績指標（若い世代）
6	妊娠・出産について満足している者の割合
7	女性（25～44歳）の就業率
8	労働時間等の課題について労使が話し合いの機会を設けている割合（アウトプット指標）
9	共同住宅のうち、道路から各戸の玄関まで車椅子・ベビーカーで通行可能な住宅ストックの比率（アウトプット指標）
10	結婚、妊娠、子供・子育てに温かい社会の実現に向かっていると考える人の割合

出所）筆者作成

図表6−9　重点課題には含まれず「ライフステージの各段階における施策」に対応する
　　　　　数値目標

1	常時診療体制が確保されている小児救急医療圏数
2	地域学校協働本部の整備率
3	コミュニティ・スクール（学校運営協議会制度）の導入率
4	「食育」に関心を持っている国民の割合
5	高等職業訓練促進給付金等事業を実施している都道府県・市・福祉事務所設置町村
6	自立支援教育訓練給付金事業を実施している都道府県・市・福祉事務所設置町村
7	市町村子ども家庭総合支援拠点
8	要保護児童対策地域協議会の調整機関に専門職員を配置している市町村の割合
9	里親等委託率（3歳未満）
10	里親等委託率（乳幼児）
11	里親等委託率（学童期以降）
12	特別養子縁組の成立件数
13	不妊専門相談センター
14	妊産婦死亡率
15	人生設計（ライフプラン）について考えたことがある人の割合
16	くるみん取得企業

出所）筆者作成

上昇したとしても、それが直線的に「国民運動」の成果であると言えるのかという疑問が残る。

　同様に、「労働時間等の課題について労使が話し合いの機会を設けている割合」は、「長時間労働の是正及び年次有給休暇の取得促進」に関する数値目標と推察される。しかし、この施策の中身としては「年次有給休暇の取得促進のため、連続した休暇を取得しやすい時季を捉えた集中的な広報の実施、シンポジウムの開催等により機運の醸成を図る。また、長時間労働の削減のための重点的な監督指導等を実施する」と記載されており、「労使の話し合いの機会」については全く触れられていない。

　図表6−9に示したとおり、「施策に関する数値目標」に挙げられているもののうち、「重点課題」の施策とは対応しないものが16あった。これらは「重点課題」の施策には対応しないが、「ライフステージの各段階における施策」に列挙されている施策に対応していた。「施策に関する数値目標」という1つの資料のなかで、それぞれの数値目標が「重点課題」「ライフステージの各段階における施策」のいずれに対応しているのかが明示されておらず、こうした点も今回の照合作業をおこなってみて初めて明らかになったことである。

4．少子化社会対策を目的・手段・成果の視点から問い直す

(1) 少子化社会対策の政策目的と手段（施策）
1) 少子化社会対策の目的は出生率の向上か
　政策評価を実施していくためには、その政策が何を目指しているのかという目的が明確になっている必要がある。少子化社会対策の目的が、少子化による人口減少に伴う社会の活力の低下を防止するということであれば、その評価は合計特殊出生率の上昇、出生数の増加ということになる。

　一方、少子化社会対策の目的が、少子化が進んだ社会において「少なく生んだ子どもをいかにして健やかに育て、親子ともども快適に生活できるようにするか」ということであれば、「その評価は、親子が快適に生活できているか否か、提供したサービスが有効に活用されているか否かなどの視点で測定される」ことになる（山縣2002、p.139）。少子化社会対策大綱では、いずれの方向で政策を推進していくのかという目的が明確に示されておらず、それが少子化社会対策の政策評価の実施を困難にしている要因となっている。

　第4次少子化社会対策大綱では「希望出生率1.8」という数値目標が明記されており、第3次少子化社会対策大綱まで合計特殊出生率や出生数について具体的な数値目標が示されてこなかったことを踏まえると、政策評価の実施において一定の意義があると考えられる。しかしながら、「希望出生率1.8」という目標数値については、計算式に18歳から34歳の有配偶者数、独身女性に限定して結婚希望数と平均希望子ども数を使用しているなど、ひとつのライフコースを前提にしており、ジェンダーバイアスがあることも推察される[8]。そういった価値観を含む政策が国民の実態とニーズに合っているのかという点も含め、妥当性に疑問が残る。上記のいずれの方向で政策を推進していくことを目的とした数値なのかも含めて議論の余地が多く残されており、さらなる検討が求められる。

2) 一つのライフコースを前提としたような従来の施策の再検討
　第4次少子化社会対策大綱は、副題が「新しい令和の時代にふさわしい少子化対策へ」となっており、本文中にも「令和の時代にふさわしい環境を整

備」「令和の時代にふさわしい当事者目線の少子化対策」との記述が出てくるが、具体的にそれが何を意味するのかについては、大綱全体を通して明らかにされていない。

　第3次少子化社会対策大綱までの「平成の時代」の大綱と比較すると、基本的な考え方の「⑤科学技術の成果など新たなリソースを積極的に活用する」が新たな考え方として取り上げられているが、この項目で取り上げられている重点課題は一つだけで、他の4つの考え方の重点課題と比較して少ない。したがって、ICTやAIなどの科学技術の活用が「令和の時代にふさわしい」対策として位置づけられているわけではなさそうである。

　一方、第1次から第4次の少子化社会対策大綱では、一貫して少子化の主な要因を「未婚化・晩婚化・有配偶出生率の低下」としている。特に第3次少子化社会対策大綱では「結婚」がキーワードとなっており「3本の矢」の一つにもなっている。

　しかし、結婚と出産をセットに考える必要は本当にあるのだろうか。フランスやスウェーデンのように政策介入によって少子化問題の改善がみられた国々においては、結婚支援が効果的だったというエビデンスは示されていない。婚外子と出生率の相関については文化的な違いも含め慎重な議論が必要ではあるものの、婚外子の割合がフランスでは60.4%、スウェーデンでは54.5%であることから、晩婚化・未婚化が少子化の絶対的要因ではないということは言えるだろう。日本の婚外子の割合は2.3%であり、むしろ日本が世界標準からすれば特異な例であると言える。[9]

　日本国内をみても、愛媛県、長崎県、熊本県、沖縄県については女性の生涯未婚率が高いにもかかわらず合計特殊出生率が高くなっているなど、男女の生涯未婚率の高さと合計特殊出生率の高低とが必ずしも一致するわけではないとの報告もある（大橋2013）。

　こういったデータがあるなかで、政策立案者は地方自治体の「婚活事業」に注力することにどれほどの効果があると考えているのだろうか。令和の時代にふさわしい少子化社会対策と謳うのであれば、「結婚」という一つのライフコースを前提にした従来の施策を問い直すところから始めるべきであろう。

（2）少子化社会対策の手段（施策）と成果

1）施策の多さに対するアウトカム指標の少なさ

　本章では、政策の手段と成果の整合性を検証するために、重点課題として挙げられている 101 の施策（手段）と、数値目標（成果）の対応関係の照合作業をおこなった。そこから明らかになったことの 1 点目は、101 という「重点的」というにはあまりにも多いと思われる施策に対して、アウトカム指標の数値目標を伴った施策の圧倒的少なさである。検証の結果、101 の施策に対してアウトカム指標の数値目標を伴うものは約 1 割であった。

　施策の成果を測る数値目標としては、アウトプット指標もアウトカム指標も同等に重要なものである。ただし、これらは成果の「異なる側面」を表す指標である。アウトプット指標は、施策をおこなった結果として何が生み出されたかを表すものであり、その生み出された結果をもって、人々が出産や子育てという選択に対して躊躇する要因が取り除かれたとは必ずしも言えない。

　たとえば、待機児童問題により保育サービスを利用できないかもしれないという不安が少子化の要因であるとすれば、保育の受け皿の拡大という施策の結果として保育所の定員が増加したとしても（アウトプット指標）、そのことが保育サービスの利用希望者が確実に利用できたという成果に直結するわけではない。同様に、仕事と子育ての両立への不安が少子化の要因であるとすれば、育児休業制度についての周知・企業指導の徹底という施策の結果として育休取得を推進する企業数が増加したとしても（アウトプット指標）、そのことが育休取得を希望する人が確実に取得できたという成果に直結するわけではない。

　だからこそ、アウトカム指標が重要となる。アウトカム指標は、施策が生み出したものを利用・活用することによって、実際に何が変わったかを表すものである。上記の例でいうと、保育サービス供給量の増加を通して「保育サービス利用希望者が実際に利用できた割合」を測ることが必要であり、さらには多様な保育サービスのなかから「利用を希望したサービスを実際に利用できた割合」、つまり隠れ待機児童も含めた待機児童解消を丁寧に検証するための指標が重要となる。

　育児休業制度についても、アウトカム指標として「育児休業取得率」は当然

重要であるが、ただ単に「取得」という事実だけをみるのでは、仕事と子育ての両立への成果は測れない。1日だけの育休利用であっても「取得」とカウントされたり、育休を取得することはできてもそのために不利益な取扱いを受けたりするといった現実もあるからである。こうした状況を考慮すれば、「育児休業取得日数」（希望する日数を利用できたのか）や「育休取得に関する不利益取扱い」（実質的な不利益取扱いだけでなく、マタニティー・ハラスメント、パタニティー・ハラスメントを含む心理的負担を感じることなく利用できたのか）などの指標も重要になってくるのである。

2）施策と数値目標の関係における一貫性の乏しさ

今回の照合作業から明らかになったことの2点目は、施策と数値目標の間の一貫性が乏しいことである。とりわけ、数値目標が多く挙げられている政策分野と、全く数値目標が伴っていない政策分野が、同じ「重点課題」として並列表記されていることは大いに疑問である。

具体的には、保育を中心とするサービス受け皿の拡大と子育てバリアフリーの推進という2つの分野に数値目標の半分以上が集中する一方で、「子育てに関する経済的支援」や「多様で柔軟な働き方の実現」に関連する施策については、「テレワーカーの割合」という指標を除いて、数値目標が全く設けられていない。その他にも、男性の家事・育児参画の促進に関する分野では、「男性の育児休業取得率」や「6歳未満の子どもをもつ男性の育児・家事関連時間」などいくつかのアウトカム指標が挙げられているものの、「～について検討する」といった実質的に中身のない施策も多い。

内閣府の調査（内閣府 2021）では、30代男女が希望する子ども数になるまで子どもを増やせない理由として、子育てや教育にかかる「経済的負担」がもっとも多く挙げられている（51.6%）。また、子どものいる男女では、男女ともに7割以上が仕事、家庭生活、個人の生活のうち「家庭生活をもっとも優先したい」と答えているにもかかわらず[10]、現実には男性の7割が仕事優先の生活、女性の7割が家庭優先の生活となっており、女性のみが働き方を調整することで子育てに対応している現状がみてとれる。

このような子育てをめぐって国民が明らかに感じている負担感や、ワーク・ファミリー・バランスにおける理想と現実のギャップにこそ、重点的な施策と

明確な数値目標をもって働きかけていく必要がある。それを欠いたままでは、重点課題と謳いつつも数値目標を伴わない施策に対して、国民は、政府は本気で取り組む気がないのだろうとか、確実に成果が見込める分野にだけ数値目標を設けているのではないかといった諦めの境地に至り、さらなる政治不信につながっていく可能性が高い。

5．これから深めていくべきテーマ／体系的な政策評価に向けて

　以上を踏まえて、今後さらに深めていくべきテーマは、ロジックモデルの枠組みに基づいて政策の「計画－実施－評価」のサイクルを確立させていくことである。すなわち、少子化社会対策に関する政策について、目的、手段、成果の視点から整理し直し、国民にとってもわかりやすい、少子化社会対策の「見取り図」を描くことである。それに関して、ここでは3つの関連するテーマを挙げたい。

　第1は、少子化社会対策の目的の明確化である。まず少子化社会対策の目的は何なのか、という議論から始めなければならない。具体的には、合計特殊出生率の上昇や出生数の増加といった人口規模の維持のみが目的なのか、あるいは全体としての人口規模が小さくなったとしても、生まれてくる子ども一人ひとりを大切に、親と社会が協働して育てていくことなのか、といった論点が考えられる。また、「令和の時代にふさわしい」少子化社会対策のビジョンについても明らかにする必要がある。結婚や出産、子育てをめぐる多様な選択肢、多様なライフコースの出現についてどう考えるのか、といったことが論点として挙げられる。そのためには、当事者である国民の意見や声を丁寧に聞き取るニーズアセスメントを実施し、政策目的に反映させることが重要である。

　第2は、目的を達成するために必要な施策の検討である。もちろん、前記のような政策の目的が定まって初めて、こうした目的を達成するために必要な施策は何なのかという、手段についての議論が可能となる。人々のニーズや現状の課題を踏まえて、より重点的に取り組むべき分野を絞り込む、また短期間で成果を出すべき分野、時間がかかっても漸進的に取り組むべき分野を明確にするなど、優先順位についても議論されるべきである。施策の優先順位は、イン

プット（資金や人材などの資源）の投入にも反映されなければならない。

　第3は、目的の達成を評価するためのアウトカム指標を検討することである。手段が明確になれば、それらを通して目的の達成にどの程度近づいたのかを測ることができるアウトカム指標を設定していく。すべての施策にアウトカム指標を設けることは難しいとの意見があるかもしれないが、議論や工夫を重ねて、目標とする社会の変化を適切に検証できるアウトカム指標をつくっていくプロセス自体が重要である。妥当な成果指標と目標値の設定なくしては、本当に社会が良い方向に変わっていっているというエビデンスを政策評価として示すことができない。これは、政策の当事者であり納税者でもある国民に対する説明責任の欠如である。

　このようなプロセスを踏むことは、一見遠回りに思われるが、前記のような論点について、一つひとつ丁寧に検証し、議論を重ねていくことでしか、少子化社会に対する真の解決策は見出せないだろう。

手にとって読んでほしい5冊の本

1. 柴田悠（2017）『子育て支援と経済成長』朝日新書
　統計的に分析した客観的なデータに基づいて子育て支援などの社会保障政策を論じた一冊。

2. 末冨芳・桜井啓太（2021）『子育て罰』光文社新書
　「子育て罰」＝「まるで子育てすること自体に罰を与えるかのような政治、制度、社会慣行、人びとの意識」。インパクトある言葉を使っているが、感情論ではなくデータを用いて日本の少子化対策を批判的に分析。

3. Doepke, M, and Fabrizio, Z. (2019) *Love money, and parenting.* Princeton University Press.（ドゥプケ, M、ファブリツィオ, Z、鹿田昌美訳（2020）『子育ての経済学－愛情・お金・育児スタイル』慶應義塾大学出版会）
　子育てについて経済学の視点から論じた一冊。「子育て」を通して、世界の少子化対策について学ぶことができる。

4. 中室牧子・津川友介（2017）『「原因と結果」の経済学』ダイヤモンド社
　政策評価の枠組みを検討する際に欠かせない因果推論の考え方について理解を

深めたい人にオススメの入門書。

5. 山田昌弘（2020）『日本の少子化対策はなぜ失敗したのか？』光文社新書

　日本の少子化対策が失敗に終わっているとして、その原因を分析・総括。欧米モデルの少子化対策でなく、日本特有の状況に沿った対策を提言。

資料1　施策と数値目標の一貫性の検証結果

重点課題	大項目	中項目	小項目	施策数	数値目標数	うちアウトカム指標	うちアウトプット指標
1. 結婚・子育て世代が将来にわたる展望を描ける環境をつくる	（1）若い世代が将来に展望を持てる雇用環境等の整備	①経済的基盤の安定	若者の雇用の安定	2	3	2	1
			非正規雇用対策の推進	1	0	0	0
			贈与税の非課税制度	2	0	0	0
	（2）結婚を希望する者への支援	①地方公共団体による総合的な結婚支援の取組に対する支援等	結婚支援の取組の支援	2	1	1	0
	（3）男女共に仕事と子育てを両立できる環境の整備	①保育の受け皿整備の一層の加速	保育の受け皿の整備	2	2	1	1
			地域の実情に応じた保育	2	1	0	1
		②保育人材確保のための総合的な対策の推進	保育人材の確保	1	0	0	0
		③放課後児童クラブ・放課後子供教室の整備及び一体的な実施	「新・放課後子ども総合プラン」の実施	1	4	0	3
		④企業等による事業所内保育施設等の設置の促進	事業所内保育施設等の設置	4	0	0	0
		⑤高等学校等における妊娠した生徒への配慮	高等学校等で妊娠した生徒への配慮	1	0	0	0
		⑥育児休業や育児短時間勤務などの両立支援制度の定着促進・充実	育休や時短勤務等の両立支援制度の定着	1	0	0	0
			育児休業からの円滑な復帰の支援	2	0	0	0
			育休取得等に係る不利益取扱いの防止	1	0	0	0
			非正規雇用労働者に対する支援	2	0	0	0
			妊娠・出産前後の継続就業の支援	1	1	1	0
	（4）子育て等により離職した女性の再就職支援、地域活動への参画支援		子育て女性等の再就職支援	2	0	0	0
			女性の学び直し支援	1	0	0	0
	（5）男性の家事・育児参画の促進		育児休業など男性の育児参画促進	9	2	2	0
			男性国家公務員の育児休暇・休業促進	1	0	0	0
			男性の家事・育児に関する意識改革	3	1	1	0

つくる　1.　結婚・子育て世代が将来にわたる展望を描ける環境を	（6）働き方改革と暮らし方改革	①長時間労働の是正	長時間労働是正、年次有給休暇の取得促進	1	2	2	0
		②多様で柔軟な働き方の実現に向けた取組	「仕事と生活の調和憲章」等に基づく取組	1	0	0	0
			多様な正社員制度の導入・普及	1	0	0	0
			テレワークの推進	1	1	1	0
			転勤等に関する仕事と生活の調和	1	0	0	0
			時間単位の年次有給休暇制度の導入	1	0	0	0
			国の率先的取組	1	0	0	0
		③雇用形態にかかわらない公正な待遇の確保に向けた取組	非正規雇用対策の推進（再掲）	-			
			雇用によらない働き方の者に対する支援	1	0	0	0
		④暮らし方改革	地域活動への多様で柔軟な参加	1	0	0	0
2.　多様化する子育て家庭の様々なニーズに応える	（1）子育てに関する支援（経済的支援、心理的・肉体的負担の軽減等）	①子育てに関する経済的支援・教育費負担の軽減	児童手当の支給・在り方の検討	2	0	0	0
			幼児教育・保育の無償化	1	0	0	0
			高校生等への修学支援	1	0	0	0
			高等教育の修学支援	2	0	0	0
			国民健康保険料の負担軽減	1	0	0	0
		②子ども・子育て支援新制度の着実な実施	地域の実情に応じた子ども・子育て支援	1	0	0	0
		③保護者の就業形態や就業の有無等にかかわらない多様な保育・子育て支援の拡充	多様な保育・子育て支援の拡充	7	8	0	8
	（2）多子世帯、多胎児を育てる家庭に対する支援	①多子世帯に配慮した子育て、保育、教育、住宅など様々な面での負担の軽減策の推進	児童手当の支給・在り方の検討（再掲）	-			
			高等教育の修学支援（再掲）	-			
			多子世帯／第3子以降の保育所等の優先利用	1	0	0	0
			住宅政策の多子世帯への配慮・優遇措置	1	0	0	0
			子育て支援パスポート事業	1	1	0	1
		②多胎児を育てる家庭に対する支援	多胎妊産婦等に対する支援	1	0	0	0
	（3）妊娠期から子育て期にわたる切れ目のない支援		妊娠期～子育て期の切れ目ない支援	3	2	0	2
			予期せぬ妊娠等に悩む若年妊婦等への支援	1	0	0	0
	（4）子育ての担い手の多様化と世代間での助け合い	①地域住民の参画促進による子育ての担い手の多様化	地域共生社会の実現に向けた取組	1	0	0	0
			「子育て支援員」の養成	1	0	0	0
			地域の退職者等の人材活用・世代間交流	1	0	0	0
		②家族における世代間での助け合い	三世代同居・近居しやすい環境づくり	1	0	0	0

3. 地域の実情に応じたきめ細かな取組を進める	（1）結婚、子育てに関する地方公共団体の取組に対する支援		地域の実情に応じた子ども・子育て支援（再掲）	-	-	-	-
			結婚、子育てに関する地方公共団体の取組支援	1	0	0	0
	（2）地方創生と連携した取組の推進		地方創生と連携した少子化対策の推進	1	0	0	0
			「地域アプローチ」による少子化対策の推進	1	1	0	1
			子育て世代に魅力あるまちづくり	3	0	0	0
			女性や若者等の移住・定着の推進	1	0	0	0
4. 結婚、妊娠・出産、子供・子育てに温かい社会をつくる	（1）結婚を希望する人を応援し、子育て世帯をやさしく包み込む社会的機運の醸成		多様な主体の連携による子育てにやさしい社会的機運の醸成	1	0	0	0
			子育て支援パスポート事業（再掲）	-	-	-	-
			「家族の日」「家族の週間」等を通じた理解促進	1	0	0	0
			マタニティマーク、ベビーカーマークの普及啓発	2	2	0	2
	（2）妊娠中の方や子供連れに優しい施設や外出しやすい環境の整備		公共交通機関での子供連れ家族への環境整備	1	0	0	0
			子育てバリアフリーの推進	2	11	0	11
			道路交通環境の整備	2	1	0	1
	（3）結婚、妊娠・出産、子供・子育てに関する効果的な情報発信		「子供と家族・若者応援団表彰」の実施	1	0	0	0
			子供目線のものづくりの推進	1	0	0	0
			少子化に関する調査研究等	1	0	0	0
5. 科学技術の成果など新たなリソースを積極的に活用する	（1）結婚支援・子育て分野におけるICTやAI等の科学技術の成果の活用促進		結婚支援におけるAI等の適切な活用	1	0	0	0
			地域におけるAI・IoT等の活用の推進	1	0	0	0
			子育てワンストップサービスの推進	1	0	0	0
			子育てノンストップサービスの推進	1	0	0	0
			ICTを活用した子育て支援サービスの普及促進	1	0	0	0
			合計	101	44 43.6%	12 11.9%	32 31.7%

注

(1) 行政機関がおこなう政策の評価に関する法律は「行政機関がおこなう政策の評価に関する基本的事項等を定めることにより、政策の評価の客観的かつ厳格な実施を推進しその結果の政策への適切な反映を図るとともに、政策の評価に関する情報を公表し、もって効果的かつ効率的な行政の推進に資するとともに、政府の有するその諸活動について国民に説明する責務が全うされるようにすることを目的とする」として制定され、2002年4月に施行されている。

(2) 「新しい少子化対策」では、家族用住宅、三世代同居・近居の支援、結婚相談業等に関する認証制度の創設、「家族の日」や「家族の週間」の制定など、結婚と家庭に関連する政策が施されている。

(3) 2007年1月の社会保障審議会人口構造の変化に関する特別部会「『出生等に対する希望を反映した人口試算』の公表に当たっての人口構造の変化に関する議論の整理」では、国民の結婚や出産・子育てに対する希望との現実の乖離について要因が整理され、「出生等に対する希望を反映した人口試験算」より、希望出生率1.75という数値を提示しているが、希望出生率1.8との計算式の違いが興味深い。

(4) その後、子ども手当は「児童手当」と改められ、所得制限が設けられた。

(5) 「多様な保育・子育て支援の拡充」に関する数値目標が8個、「子育てバリアフリー」に関する数値目標が12個、「放課後児童クラブ等」に関する数値目標が4個である（資料1参照）。

(6) 妊娠・出産前後の継続就業に関する数値目標が1個示されているのみである。

(7) テレワーク関連の数値目標が1個示されているのみである。

(8) 希望出生率1.8 =（①有配偶者割合34％×②夫婦の予定子ども数2.07人＋③独身者割合66％×④独身のうち結婚を希望する者の割合89％×⑤独身者の希望子ども数2.12）×⑥離別者の影響0.938

使用データは次のとおり：①有配偶者割合：総務省統計局「国勢調査」（平成22年）における18～34歳の有配偶者の割合33.8（女性）、②夫婦の予定子ども数：「出生動向基本調査」における夫婦の平均予定子ども数2.07人、③独身者割合：1－有配偶者割合、④独身者のうち結婚を希望する者の割合：「出生動向基本調査」における独身者のうち「いずれ結婚するつもり」と答えた者の割合89.4％（18～34歳女性）、⑤独身者の希望子ども数：「出生動向基本調査」における独身者（「いずれ結婚するつもり」と答えた者）の平均希望子ども数2.12人（18～34歳女性）、⑥離死別等の影響：国立社会保障・人口問題研究所「日本の将来推計人口（平成24年1月推計）」における出生中位の仮定に用いられた離死別等の影響。「出生動向基本調査」はすべて国立社会保障・人口問題研究所（第14回、平成22年）。

(9) OECD平均は40.7％で日本の2.3％は下から2番目の数値である。それより低いの

は韓国の 2.2％。詳細は OECD family database で確認できる。

（10）男性 70.4％、女性 75.7％となっている。

第 7 章

子どもの貧困を捉える指標の再検討

矢野裕俊

グラフィック・イントロダクション

図表 7 - 1　ウェルビーイングと子どものウェルビーイング
（論文・記事の件数、CiNii Articles で検索、2021 年 8 月 17 日）

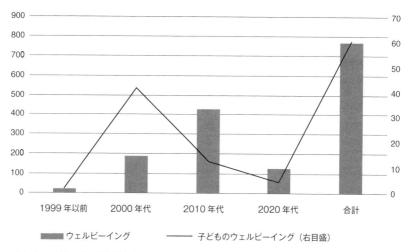

注）ウェルビーイングと子どものウェルビーイングの初出は 1993 年である。

　図表 7 - 1 は CiNii Articles を用いて、「ウェルビーイング」と「子どものウェルビーイ
ング」をキーワードに検索して得た論文・記事の件数を 10 年刻みでグラフに示したもので
ある。2020 年代の件数は当然ながら少ないのだが、このグラフからは、「ウェルビーイン
グ」をキーワードに含む論文が出てくるのが 1990 年代以降であり、2000 年代、2010 年
代と次第に増えてきたことがわかる。ところが、「子どものウェルビーイング」を含む論文
件数は総じて少なく、2000 年代と比べても、2010 年代にはむしろ減少している。このグラ
フを見るかぎり、「子どものウェルビーイング」への関心は現在もなお高くないといえる。

1. 何が問題か／子どもの貧困とウェルビーイングの関係をどのように捉えるか

　子どもの貧困を世帯の貧困から区別して、その対策を考えることはすでに一般的になっている。しかし、子どもの貧困をどのように捉えるのかをめぐっては、今なお共通の認識に到達しているとは言いがたい。貧困世帯もしくは世帯を離れて貧困な環境下に置かれた子どもの状態、親の貧困に起因して生じる子どもの貧困状態といった捉え方がある一方、親の貧困の影響を大きく受けつつも子どもの貧困を子ども特有の現象として捉えようとする試みもある。

　いずれにせよ、子どもの貧困は先進国をはじめ世界的な問題となっており、わが国も例外ではない。日本の子どもの6人に1人（16.3%）が相対的貧困の状況に置かれているという数字が2012年に公表され、政府や自治体も対策に乗り出してきた。2015年から政府が推進する「子供の未来応援国民運動」は「教育支援」「経済支援」「生活支援」「就労支援」と多岐にわたる多面的・総合的なものであり、そのこと自体が子どもの貧困問題がもつ複雑さを物語っているが、それは同時にこの問題の焦点を明確にしづらいことの表れでもある。

　子どもの貧困をめぐる政策立案には政策評価の視点が必要であるが、そのための評価指標づくりは今なおその途上にある。内閣府による諸外国や国際機関の子どもの貧困指標および子どものウェルビーイング指標に関する調査結果と、近年の子どもの貧困に関する言説を振り返ることから、子どもの貧困指標に関する知見を深めることが重要な課題となっている。要するに、子どもの貧困はどのように捉えられて、今日に至っているのか。またその際に、子どもの貧困とウェルビーイングはどのような関係において捉えられるべきなのか。政策化の基礎にもなりうる指標づくりに資する再検討が必要である。

2. 子どもの貧困のこれまでの捉え方

　1999年にイギリスのブレア首相が2020年までに子どもの貧困を撲滅することを宣言し、先進諸国の中でも子どもの貧困が政策的アジェンダとして認識されるようになった。そこで示された期限はすでに過ぎており、その間に政権も

交代を重ね、宣言での約束は取り下げられ、当初の熱はかなり薄められた感は否めないが、社会一般の貧困問題から子どもの貧困を切り分けて、それに終止符を打つことを一国の政治的リーダーが宣言したことの意味は大きかった。

　イギリスに限らず、OECD や EU などの国際機関でも加盟国内での「子どもの貧困」（Child Poverty）は貧困一般に解消されない独自の問題領域として捉えられてきた。

　子どもの貧困は、英語では Child Poverty なのだが、それは何か、世帯の貧困とはどのように区別されるのかという問題をめぐっては未だ共通の理解があるわけではない。子どもはほとんどの場合、親の扶養家族となっているため、親ないし世帯の貧困の一部ともみなされることが普通であった。社会における貧困一般から区別して「子どもの貧困」という問題領域を設定するというのは、比較的新しい出来事なのである。

　第 9 章で触れられているとおり、日本では 2013 年に「子供の貧困対策に関する大綱」が策定され、それが 2019 年に改訂されて「子どもの貧困」は固有の政策的関心となっているが、内閣府の調査研究報告書（2017）で明らかにされているように、フランスやドイツでは「子どもの貧困」は世帯の貧困の子どもにおける表れ、といった捉え方に収まっている（内閣府 2017）。家族・世帯の貧困の一部としての「子ども期の貧困」（Poverty in Childhood）なのである。他方、上述したイギリスだけではなく、北欧諸国では子どもの福祉と教育を手厚くすることで、子どもの貧困問題に立ち向かうという姿勢が堅持されてきた。

　ところが、子どもの貧困とは何か、という問題に対する明確な答えを見つけることは今なお難しい。そうした根本的な問いへの答えはむしろ回避されているかのようにも見える。たとえば、子どもの貧困調査が実施される場合でも、「「子どもの貧困とは」ではなく、「子どもの貧困に関する調査とは」という意識で、子どもや家族の様々な生活をデータからその実態を明らかにすることが重要」（山野編著 2019）だという。たしかに、子どもの貧困を辞書的に定義する試みがどれほどの示唆をもたらすのかは定かではないが、「子どもの貧困」という問題領域がもつ独自性とその評価に対する言及は、たとえ試論的であってももっと活発におこなわれてもよいのではないかと思う。

（1）「貧困のなかの子ども」と「子どもの貧困」

　UNICEF、OECD などの国際機関は「子どもの貧困」を貧困一般に解消されない固有の問題領域として捉え、注目してきた。しかし、そうした捉え方の底流にあるのは、世帯の経済的貧困が子どもにおいてより先鋭的に厳しいかたちで影響を及ぼすということであり、そうした影響による現象を「子どもの貧困」問題の表れと捉える、というものである。子どもの貧困は世帯の経済的困窮に起因して成長・発達の真只中にある子どもの生活、学習、人間関係、将来に広範囲にネガティブな影響を及ぼすものだと考えるのである。

　子どもの貧困を「子育て家族の貧困」の一部であると捉え、それを独自の問題領域として立論することに慎重な立場からすれば、貧困の解決は雇用・所得保障による家族・世帯の経済的困窮からの脱却によってはじめて可能になるということになる。そうした捉え方は、たとえば 5 巻にわたって刊行された意欲作である松本伊智朗（編集代表）の『シリーズ　子どもの貧困』にみられる。その中では、子どもの貧困とは「貧困にある生活の中で子ども期を過ごす」子どもの問題であり、子どもの貧困はいわば「貧困の子ども」の問題として捉えられている。もちろん、各論の中では貧困が子どもの遊び、スポーツ、余暇、習い事、教育といった子どもの生活を構成している活動の経験に及んでいることに注目している。しかし、それらの活動の多くが市場化されていることから、そうした活動を子どもたちが手に入れるためには貧困・低所得世帯に対する所得保障が必要であるという、本シリーズのライト・モチーフに結びつけられている（大澤 2019）。「経済的困窮を基底において貧困を把握する」「子どもの貧困は、貧困の理解と対策を広げることばである」というシリーズを通底する基本的認識には、子どもの貧困を独自の問題領域と捉えることがもつ危険性への警戒がみられるのである。

　ただし、同シリーズの中の『遊び・育ち・経験——子どもの世界を守る』では、子どもの視点が重視され、子どもの世界に分け入って子どもの貧困を考察するというアプローチが示されて、子どもの学習への関心にとどまらず、子どもの世界を特徴づける活動である「遊び」と、それによってもたらされる「経験」など「育ち」の基盤の形成に注目することにより、「子ども期の特徴」を踏まえた「子どもの貧困」論に踏み込もうとしている点に新しい視座がみられ

ることも付言しておく。

　他方、子どもの貧困が親の貧困に起因するものであることを認めても、親世代から子世代への貧困の連鎖（負の連鎖）を断ち切ることにより子どもの貧困は解消可能であるとする考え方もある。たとえば、小林良彰らは子どもの幸福度（ウェルビーイング）という概念に注目して、「所得格差に着目した支援だけではなく、子ども全体を幸福にせしめる社会環境を整備しなければ、負の連鎖を断ち切れない」と述べている（小林編著 2015）。子どもたちの衣食住の確保や教育を受けられるようにするために経済的支援が不可欠であるが、同時に子どもたちを幸福にせしめる社会環境を整備して、子ども自身にも貧困から抜け出す意思や努力を促すことが重要だというのである（小林編著 2015）。

　子どもの健全な成長・発達は子ども自身や親の願いであるはずだが、それは家族という親密圏に閉じ込められた願望に留まってはならず、社会の願いとして共有されるべきものであり、また社会を支える根幹ともならなければならない。ならば、すでに市場化されたサービスや活動の機会を公共圏へと取り戻し、社会的に提供するという戦略も描けるはずである。

　埋橋・矢野編著（2015）は、子どもの貧困を親の貧困から区別される事象として捉えるという視点を明確にし、親の貧困によって生じる子どもの状態という従来の捉え方から一歩踏み出した。それは「貧困に抗う力」やそうした力が働く環境づくりの重要性に踏み込むものであり、問題提起にはなりうるものであった。また、埋橋・矢野・田中・三宅編著（2019）『子どもの貧困／不利／困難を考えるⅢ——施策に向けた総合的アプローチ』では、子どもの貧困の様態の多重性・複雑性に対して福祉と教育をともに視野に入れた総合的アプローチが必要であることや、親の貧困が子どもの貧困へと影響を及ぼす径路およびそれに対する予防的ケア、事後ケアの必要性が指摘されている。

　本章の冒頭で触れたイギリスでの子どもの貧困への政策的関心にも関わる2000年代初めの調査研究として、テス・リッジ（2002、訳書は2010）の業績を挙げることができる。リッジが注目したのは「貧困の中にある子ども」であり、かれらに対するインタビューをとおして、「子ども期の貧困」（原題にあるとおり、リッジが問題にしたのは Child Poverty ではなく Childhood Poverty である）の実態を描き出そうとした。その試みがもつ意義は2点ある。一つは、

大人が考える子ども期の貧困ではなく、子ども自身が感じたり意識したりする自らの貧困を、当事者へのインタビューによって捉えようとしたことである。それはまさしく「子どもの世界」に分け入って貧困を捉えようとする意欲的なものであったが、対象は経済的に貧困な状態で子ども期を過ごしている当事者であった。インタビューにより語られたことは、子ども期の貧困の様相が、小遣いを自分で稼ぐ必要があったり、欲しいものを買えなかったりするだけでなく、友人との付き合いができなかったりするといった当事者の声であった。

もう一つの意義は、そうした試みの中で、経済的貧困状態で子ども期を過ごしている子どもはいじめに遭ったり、仲間はずれになったりするという社会的排除を経験していることを明らかにしたことである。それにより、子どもの貧困が人間関係を含む社会的排除と結びついていることに注目が集まったのである。リッジの指摘にもあるように、子どもにとってはとりわけ貧困と社会的排除は緊密な関係にあり、両者を一体的に視野に収めることが重要である。

(2) ウェルビーイングの欠落状態としての「子どもの貧困」

子どもの貧困の捉え方を概観すると、日本ではやはり阿部彩の所論が子どもの貧困論をリードしてきたと言える。たとえば、阿部（2014）『子どもの貧困Ⅱ』では、子どもの貧困の指標として、就学援助費の受給率と相対的貧困率の2つが注目されている。また、それに派生して「剥奪指標」（すべての人が生活に必要と納得するモノが無い、という状態）という概念が用意されている。阿部はイギリスの貧困指標やEUの貧困指標にも言及し、それらにおいても相対的貧困率と剥奪指標によって子どもの貧困が捉えられていると指摘する。

また、「貧困はより多面的な事象であるという認識から、所得、健康、教育、主観的貧困など、多くの指標を並立させて、人々の生活の質を測ろうという試みも多い」とも述べて、EUのラーケン（社会的排除）指標、ユニセフの子どものウェルビーイング指標などがあることを紹介している（ただしそれらの説明はなく、ユニセフのレポートカード11のウェルビーイング指標のみが紹介されている）。阿部がいう、そうした「複合指標」には金銭的・物質的剥奪だけでなく、サービスや機会の充足状況、子どもの行動にみられる問題などが指標に組み込まれている。子どもが発達途上の存在であることを視野に入れれば、

モノの利用可能性だけでなく、機会の利用可能性がきわめて重要であるにもかかわらず、こうした「複合指標」の検討には至っていない。子どもの貧困を議論する際には、様々な機会の充足など子どものウェルビーイングの状況を視野に入れなければならない。子どもの貧困を、貧困によりウェルビーイングが満たされない状況として広く捉えることが重要である。なお、ウェルビーイングは幸福度と訳されることもあるが、ここではウェルビーイングとして英語をそのまま用いることとする。

　このようにウェルビーイングの欠落状態を子どもの貧困として捉える理由は何か。それは、社会における子どもの位置、人生における子ども期の位置に関係している。子どもの権利条約では、「児童に対して特別な保護を与えることの必要性」（前文）が明記され、「児童の最善の利益が主として考慮されるものとする」（第3条）と定められている。子どもは「特別な保護」の対象であり、「最善の利益」を他の何にも増して考慮するべき対象であると考えられている。子どもはすでに社会の一員であると同時に、成長・発達により健全な社会の成員となることが期待され、また保障されなければならない存在である。したがって、成長の過程での「特別な保護や配慮」は子どもにとっては不可欠のものであり、それは享受するもしないも自由、といった権利ではなく、それなくしては子どもが人として社会に存在することは考えにくい、すべての子どもに例外なく保障されるべき権利である。したがって、「特別な保護」「最善の利益」が守られない状態は、経済的困窮に加えて、子どもにとっては重大な貧困状況なのである。

3．子どものウェルビーイングへの注目

　子どもの貧困とウェルビーイングは相即不離の関係にあって、経済的貧困は子どものウェルビーイングを著しく低下させるし、低下したウェルビーイングの状況が貧困を増幅させる。また、そうした両者の関係は世代的な連鎖をもたらして再生産されることが知られている。指標の開発に注目すれば、子どもの貧困指標と子どものウェルビーイング指標は内閣府の調査報告書（2017）においては区別しつつ両者がともに取り上げられている。

図表7-2　家族の貧困が子どもに及ぼす影響

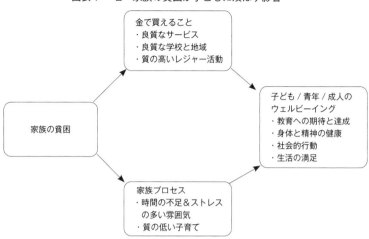

出所）Thévenon. et al.（2018）

　子どもの貧困とウェルビーイングの関係については、OECD のワーキングペーパーにおいて次のような図による説明がなされている（Thévenon. et al. 2018）。

　この図は「家族の貧困」が「子ども／青年／成人のウェルビーイング」に短期・長期的に厳しい影響を及ぼすと説明するものである。その影響の表れは、学業成績の面、健康の面で低い状態に留まることが多く、早期退学や問題行動のリスクも高い。また将来の夢にも影響があるという。そうした影響が及ぶ径路は図にあるように、「金で買えること」が買えないという面と、安定せず落ち着かない「家族プロセス」という2つがあるという。まず低所得が、良質な住宅や健康な食事、就学前の良質な保育・教育サービスといった、子どもの健康な発達のために重要な「インプット」を購買したり、生産したりする世帯の能力に制約をもたらす。影響のもう一つの径路は、低所得の家族は子どもがよく学ぶための家庭環境を用意する手段を欠くというものである。たとえば、本や教育玩具、静かな学習環境などがないのである。また、低所得家族が住む地域は、交通インフラが整備されていなかったり、ケアサービスや学校へのアクセスが困難であったりと、不利を強いられることも多い。こうしたこの図の説

明は、家族の低所得を起点にして矢印も入れられていることから、そこから派生して他の3つが生じるといった、やや因果論にこだわったものに映える。

　しかし、家族の貧困と子どものウェルビーイングの間に強引に因果論を持ち込むよりも、これらの4つの連鎖が子どもの貧困を構成していると、まずは理解することがより自然ではないかと思われる。

4．物質的剥奪指標

　内閣府においておこなわれた「諸外国における子供の貧困に関する指標の状況の調査」（2017年）では、「EU諸国を中心に物質的剥奪指標が他の貧困に関する指標と併用されている例が多いことが明らかになった」（内閣府2017）とまとめられている。

　この報告書は、みずほ情報総研（株）への委託によりおこなわれ、阿部彩、岩田正美、末冨芳らの6名のアドバイザーへのインタビューの実施を踏まえてまとめられたものである。たしかに、図表7－3を見ると、物質的剥奪という文字が目に付く。子どもの貧困に関して物質的剥奪は相対的貧困率を補完する指標であるとする阿部（2014）の指摘があるように、物質的剥奪への注目は子どもの貧困に関わる指標づくりにおいて特に注目されている。

　ところが、この表にあるスウェーデン子どもオンブズマン局の「子どものウェルビーイング指標」の詳細（竹沢2015、内閣府2017）をここに示すことはできないが、その中では「経済」・「健康」・「教育訓練」・「安全」・「参加」・「支援と保護」という6分野にわたる計45指標のうち、「経済」分野には経済的困窮状態に関わる3つの指標があるものの、物質的剥奪に該当するのは「自分の部屋がない家に住む子どもの割合」の1指標のみであり、物質的剥奪は指標としてさほど大きいウェイトをもっていないことがわかる。それよりも、「音楽や芸術活動に参加している3－6学年の割合」「過去6か月に余暇で文化活動（劇場、映画、博物館、図書館、コンサート等）をおこなった10－18歳の割合」「クラブや団体のスポーツ活動に週一回以上参加している10－18歳の割合」「スポーツやボーイ／ガールスカウト等の余暇的組織活動に週一回以上参加している10－18歳の子どもの割合」といった参加分野に属する指標の

ウェイトが大きい。すなわち、同じ剥奪でも「機会の剥奪」である。「参加」の分野には、この他にも「学校に対し影響力があると考える4－6学年の子どもの割合」という指標があって、学校という子どもの主要な生活場面を子ども自身の居場所として感じられるかどうかに関わる指標も入れられている。

図表7－3　子どもの貧困・ウェルビーイングに関する主な指標

国・機関等		指標	補足
イギリス Child Poverty Act 2010	P	相対的貧困率・絶対的貧困率 低所得＆物質的剥奪の組み合わせ 継続的貧困率（3年続けて相対的貧困）	子どもの貧困委員会（政府の子ども対策をモニターする機関）の設立
スウェーデン 子どものウェルビーイング指標	W	「経済」・「健康」・「教育訓練」・「安全」・「参加」・「支援と保護」という6分野野45指標	Max18という18歳未満の子どもに関する統計サイトが運営されている
OECD Doing better for children	W	物質的ウェルビーイング・住居と環境・教育・健康と安全・リスク行動・学校生活の質	
OECD (2015) How's Life 2015： Measuring well- being	W	子どもの家族の状況を捉える指標： 「所得と富」「雇用と収入」「住宅」「環境の質」 子ども自身の状況を捉える指標： 「健康状態」「教育と技能」「市民生活」「社会／家庭環境」「個人の安全」「主観的幸福」	剥奪に関する指標項目： 8つの基礎教育財（勉強部屋、学習用コンピュータ）
OECD (2018) Child poverty in the OECD	P	相対的貧困率・世帯の貧困率 ひとり／二人親の別と雇用状況 物質的剥奪率（居住・栄養・教育・社会的環境・アイテム1個の剥奪・アイテム4個以上の剥奪など）	
EU Europe 2020	W	相対的貧困率 物質的剥奪指標	
EU 社会的包摂関連指標 2015（旧ラーケン指標）	P&W	一次指標（早期退学者、物質的剥奪指標、子どものウェルビーイング指標） 二次指標（有業者世帯に暮らす貧困のリスクにある子ども、読解力レベルが低い生徒の割合、物質的剥奪の深度）	
ユニセフ（2019）レポートカード16	W	精神的ウェルビーイング（生活満足度の高い15歳の割合、15～19歳の自殺率） 身体的健康（5～14歳の死亡率、5～19歳の肥満の割合） スキル（数学・読解力で基礎的レベルに達している15歳の割合、社会的スキルを身に付けている15歳の割合）	子どもを対象 子ども自身が幸福度をどのように捉えているかという主観的ウェルビーイングを指標に含めている

注）表中のPは貧困指標、Wはウェルビーイング指標
出所）竹沢（2013）および内閣府（2017）に基づき、原典を確認して作成

5．物質的剥奪と機会の剥奪

　UNICEF イノチェンティ研究所のレポートカードシリーズは子どものウェルビーイング指標に関して、「国際比較を目的とした指標の中では指標数がもっとも多い」（上坂・中森 2020）とされている。そのうちのレポートカード7（2007 年）では「物質的ウェルビーイング」「健康と安全」「教育ウェルビーイング」「家族や友人との関係」「行動とリスク」「主観的ウェルビーイング」の 6 分野にわたって 36 指標が設定されていたが、レポートカード 11（2013 年）になると、「家族や友人との関係」「主観的ウェルビーイング」の 2 つの分野が削除され、代わって「居住と環境」という分野が加えられて、5 分野 26 指標となっている。また、「物質的ウェルビーイング」分野には「物質的剥奪」指標が追加されている。なお、分野としては「主観的ウェルビーイング」がなくなったとは言え、「いじめ」や「けんかの経験」といった「主観的ウェルビーイング」に関連するとみなされる指標は残されている。「主観的ウェルビーイング」は子ども自身が感じるウェルビーイングであり、子どもの視点、子どもの世界を尊重するという観点からすれば、非常に重要な指標を含むものであるが、レポートカード 11 以降、国際比較のための共通の指標としては採用されなくなった。

　なお、子どもの貧困調査においては、物質的なものに限らず、機会の剥奪までを含めて捉えておこなわれることが多い。山野らがおこなった調査でも、世帯の困窮度と様々な剥奪との関係が調べられており、子ども部屋、お小遣い、衣服や靴、スマートフォン、子どものための本・絵本といったモノの剥奪において困窮度の違いによる差が明らかになったと同時に、むしろそれ以上に目立つ剥奪は「習い事に通わす」「学習塾に通わす」「家族旅行ができなかった」といった項目における差であることが示されている（山野編著 2019、pp.75-76）。子どもの貧困について語るとき、物質的剥奪だけでなく、機会の剥奪に目を向けることが重要なのは、そうした機会が子どもの発達においてもつ意味が大きいからである。近年とみに注目されているヤングケアラーの問題性も、こうした機会の剥奪を深刻に引き起こす状態だという点にある。

　先述の内閣府調査を請け負った福田志織は、貧困は子どもの健康、学力、対

人関係等に悪影響を及ぼすが、貧困の世代間連鎖を止めるには、「金銭的な給付だけではなく貧困状態によってもたらされうるさまざまな問題への対処も必要」と述べている（福田 2017）。

　子どもの貧困を、経済的困窮だけでなく、環境的に不利な状態を強いられたり、能力形成が阻害されたり、必要に即した支援が欠如することによって生じるウェルビーイングの欠落状態として捉えるならば、それへの対策は経済的な支援に留まらず、子どもの生活の全般にわたるウェルビーイングの向上を図るものでなければならない。子どもが生き、健全な成長を遂げるためには、経済的・物質的な充足だけでなく、様々な活動の機会が不可欠である。貧困の中でこうした機会が奪われることが子どもに及ぼす負の影響は計り知れない。

6．当事者としての子どもの視点の重要性

　大人と同じく子どもには人間的尊厳と基本的人権が認められなければならないことはもちろんだが、政治的権利がなく、社会への参加が制約される子どもの意見はともすればないがしろにされかねない。子どもの貧困についても、大人の視点からの子どもの貧困の捉え方に安住するのではなく、当事者である子どもの視点が取り入れられなければならない。子どもの意見表明や意思決定への参加の重要性を指摘した「子どもの権利条約」制定・批准の意味をあらためて考えることから、守られ、育つ存在としての子どもが被る貧困への対策について、子どもの声が届けられることで問題解決に子どもが参加するかたちを設計することが重要である。

（1）「子どもの世界」への注目

　子どもの声を聞く、それを意思決定に反映するという視点から子どものウェルビーイングを測る指標がこれまでどのように考えられてきたのか、という点にも注目したい。ユニセフのレポートカード 16（2020 年）では、子どものウェルビーイングを成り立たせる 3 つの世界が区別されている。それは図表 7－4 にあるとおり、①より大きな世界、②子どもを取り巻く世界、③子どもの世界、の 3 つであるが、これまでの子どもの貧困をめぐる議論の多くは①と②

図表 7 - 4 子どもの幸福度の多層的な分析枠組み

出所）ユニセフ「レポートカード16」© （公財）日本ユニセフ協会

の世界に留まっていた。③の世界に即して子どもの貧困を捉え、それへの対策を考えることは非常に重要な課題として残されている。

　この図は、ユニセフ・レポートカード16において、子どものウェルビーイングを考えるための枠組みとして示されたものである。子どもは大人とともに、「より大きな世界」のなかで生きている。したがって、その世界の状態によって様々な影響を受ける。子どもには自らを取り巻く世界がある。「子どもを取り巻く世界」がそれである。この世界がもつ影響は子どもにとって、「より大きな世界」以上に直接的で大きいものである。さらに、子どもには子ども独自の世界がある。それが「子どもの世界」である。このように、子どものウェルビーイングを考えるうえで世界を3層に分けることで見えてくる問題がある。

　それは、これまでの議論の多くが、「より大きな世界」と「子どもを取り巻く世界」のところで留まっているということである。子どもの貧困を論じる人には筆者も含めて、誰にも子どもの時代があったのだが、もはや「子どもの世界」の中で考えるということができなくなっている。しかし、子どもの貧困の当事者が他ならぬ子どもであることを認めるならば、「子どもの世界」に足場をおいた議論が不可欠だということになる。ところがどうだろうか。子どもの

貧困への対策を論じるにあたって、子ども自身の要望や声がどれほど反映されているのだろうか。全国の自治体で子どもの生活実態や意識を問う調査はずいぶんおこなわれてきた。しかし、それを踏まえた政策や施策の立案と実施において、子どもの声がほとんど顧みられていないだけでなく、そのことの問題性が十分に認識されていないのは心許ない限りである。これに関わって、政府がまとめた「子供の貧困対策に関する大綱」案（2019年10月25日）には、子どもの意見と子どもの権利条約の反映を求める要望書が出されている。[1]

（2）子どものウェルビーイングを決めるのは誰か

　子ども自身が自分たちのウェルビーイング（幸福度）についてどのように考えているのかを知る重要性に触れて、レポートカード16の締めくくりには、次のような一節がある。

　　「すべての子どもが良い子ども時代を過ごせるようにするためには、「幸福
　　度」が何を意味し、誰がそれを決めるべきなのかなどについての、考え方
　　を変える必要がある。子どもや若者の幸福度についての考え方は必ずしも
　　おとなと同じではない。そのことは、この報告書で示された、子ども・若
　　者たちが未来の地球環境を真剣に懸念していること、質の高い人間関係を
　　重視していること、そして個人の自主性に対する考え方などからも明らか
　　である。保護者から政治家まで、意思決定をおこなうあらゆるレベルのお
　　となたちは、政策や方針、資源配分を決定する際に、子どもたち、若者た
　　ちの考えに積極的に耳を傾け、これを考慮に入れる必要がある。政府は子
　　どもたちの意見を体系的に吸い上げる機会を強化すべきである。そのため
　　の手段として、子どもが参加できる公共政策に関する協議、すべての子ど
　　もが自分の権利を知るようにすること、学校、地域、国家レベルで子ども
　　の意見を考慮する新たな方法を生み出すことなどが考えられる。子どもの
　　社会参加は、何がもっとも重要なのかについて、世代間のコンセンサスを
　　形成するために必要不可欠である」。

　レポートカード16のこのことばには、あらゆる蛇足は不要である。

7．これから深めていくべきテーマ／全ての子どもを視野に入れて貧困問題を考える

　これまで述べてきたことを踏まえると、末富編著（2017）が提唱する「すべての子どもを大切にする子どもの貧困対策」として、(1)「すべての子どものウェルビーイングを大切にする」、(2)「普遍主義的で多元的な教育の機会均等」の実現、(3)「すべての子どもが必要に応じて支援を受けられる」社会基盤の整備、という3つの視点を提示していることは重要である。

　子どもの貧困を、子どもの中に一部存在する気の毒な子どもにのみ現象する問題として切り取って論じるのではなく、もしかしたら日本の子どもの全体を貧困が覆っているのではないか、貧困状態にある子どもはそうした日本の子どもが置かれた状態の先鋭的な表れとして見るべきではないかという問いかけをしつつ、現実を見ることが必要になっているように思う。

　子どもの貧困を、このように裾野の広い、社会の基層に巣くう問題として存在するという捉え方には、困窮に苦しむ子どもの現実に対する認識を曇らせるという批判も予想される。しかし、貧困一般からあえて子どもの貧困という問題領域を設定して、そこにフォーカスする意義と必要性は、それが子どもという社会的存在に特有の貧困だという点にある。子どもは、時に社会の大きな希望であると言われる一方で、政治的、経済的、社会的に無力な存在である。子どもは生きる存在、育つ存在、守られるべき存在、社会に参加すべき存在である。子どもの権利条約にあるように、これら4つの側面はそれぞれの権利と結びついているが、それらの一つでも不十分であれば、それは子どもにとって貧困状態そのものである。

　子どもの存在の特異性を踏まえて子どもの貧困を論じるとき、子どもの生活の主要場面である学校・保育所のあり方がきわめて重要な問題として意識されなければならない。学校・保育所は、子どもが守られ、育ち、社会に参加することで自分たちの生（生きる権利）を実現する場でなければならない。学齢期の子どもが通う学校について言えば、次の2つのアプローチが車の両輪のように機能することが必要である。たとえば、柏木（2020）が「ケアする学校づく

り」で提唱しているような、個別的配慮を含む普遍主義的アプローチと、深刻な困窮・困難なケースに苦しむ当事者への救済措置としての選別主義的アプローチ（乳児院や児童養護施設への措置、就学援助、貧困世帯の子どもへの学習支援など）である。子どもの貧困に関してこれまでにおこなわれてきた調査結果や議論により得られた知見を生かして、学校（保育所）を、子どもの貧困の様々な表れに対処する力をもった「ケアする場」として再構築することが課題となっている。

　以上述べてきたことから、子どもの貧困をめぐる指標には、経済的に困窮する子どもが直面している物質的ならびに機会の剥奪などの状態を多面的に把握するという診断的役割に留まらず、学校や保育所におけるケアの充実を図り、ウェルビーイングを高めるという視点に立った政策的ベンチマークの役割が求められる。貧困に直面する子どもの状況は、子どもが置かれた全般的状況を先鋭的に映し出しているのであり、2つの状況は連続的である。したがって、子どもの貧困に関する指標は、すべての子どものウェルビーイングを高めることにつながる指標でなければならない。また、そうした指標の中には子どもの意見表明を制度化し、それにより当事者である子どもが自らの問題の解決に参加することを促すという視点を取り入れることを真剣に考えるべきときに来ている。

手にとって読んでほしい5冊の本

1. 阿部彩（2008）『子どもの貧困－日本の不公平を考える』岩波新書
　　日本における子どもの貧困問題への社会的注目を集めるきっかけをつくった記念碑的労作。

2. 柏木智子（2020）『子どもの貧困と「ケアする学校」づくり－カリキュラム・学習環境・地域との連携から考える』明石書店
　　子どもの生活の主要な場面である学校のあり方を豊富な事例に基づいて、教育の内容をはじめ多面的に考察している。

3. 小林良彰編著（2015）『子どもの幸福度』ぎょうせい
　　子どものウェルビーイング（幸福度）を都道府県別に測ることを試みた、最初

の大がかりな調査の結果をまとめた報告書。

4. 末冨芳（2017）『子どもの貧困対策と教育支援－より良い政策・連携・協働のために』明石書店

　子どもの貧困対策において教育に何ができるか、より有効な教育支援の展望を指し示す試み。

5. 末冨芳・桜井啓太（2021）『子育て罰－「親子に冷たい日本」を変えるには』光文社新書

Child Penalty の訳語である「子育て罰」という概念を用いて、日本の親が、そして子どもが直面している問題の厳しい一面をあぶり出している。

注

(1) 公益社団法人セーブ・ザ・チルドレン・ジャパンから2019年11月1日付で、衛藤晟一 内閣府特命担当大臣宛に、26人の子どもたちの意見を付した要望書が出されている。その中では、国連子どもの権利委員会が、2019年1月に実施された第4回・第5回日本政府報告書審査の総括所見において、日本で子どもの意見表明が尊重されていないとの「深刻な懸念」を示し、「緊急の措置を要する6分野」の一つに挙げていることにもふれられている。

第8章

子どもの貧困対策としての教育政策の実施過程における課題

柏木智子

グラフィック・イントロダクション

図表 8 - 1　本章の組み立て

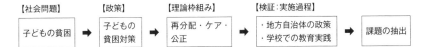

　本章では、社会問題である子どもの貧困を取り上げ、その対策としての教育政策の実施過程における課題を抽出する。その際の理論枠組みとして、再分配の仕組みと公正およびこれらを担保するための行為としてのケアに焦点をあてる。その上で、政策が子どもへの具体的なケアとしての教育実践にいかに結びつくのかについて検証する。まずは、地方自治体の教育政策がどのように実施されるのかを明らかにする。次に、学校現場の管理職や教職員が、そうした政策をどう受け止め、実践しているのかについて素描する。最後に、課題を考察する。

1．何が問題か

（1）子どもの貧困対策としての生と学びの保障

　本章の目的は、子どもの貧困対策としての教育政策に着目し、その実施過程における課題を明らかにすることにある。子どもの貧困は、厚生労働省の「国民生活基礎調査」によると、1980年代から継続する社会問題である[1]。しかしながら、2000年代後半以降にようやく政策論議がなされ、2014年に「子ども

の貧困対策の推進に関する法律」（以下、子どもの貧困対策法）の施行、同年に「子供の貧困に関する大綱」（以下、大綱）の閣議決定がなされた。

　子どもの貧困対策法の第一条には、「子どもの将来がその生まれ育った環境によって左右されることのないよう、貧困の状況にある子どもが健やかに育成される環境を整備するとともに、教育の機会均等を図る」と明記された。ここには、どのような家庭に生まれようとも、すべての子どもにチャンスのある社会の実現をめざすことで、貧困の世代間連鎖を断ち、生まれによる不平等をなくそうとする意図がうかがえる。また、そのために教育の機会均等が重視され、国や地方自治体の責務が規定された。それゆえ、本法律を受けた大綱では、子どもの貧困問題の改善に向けた重点施策として、教育の支援、生活の支援、保護者に対する就労の支援、経済的支援の四点が提示された。特に、教育の支援では、「学校」をプラットフォームとした総合的な子どもの貧困対策の展開が求められ、①学校教育による学力保障、②学校を窓口とした福祉関連機関等との連携、③地域による学習支援、④高等学校等における就学継続のための支援が重点項目として掲げられた。

　その成果もあり、2019年に実施された厚生労働省の「国民生活基礎調査」によると、子どもの貧困率は13.5%へと減少した(2)。また、ひとり親家庭の貧困率も48.1%と、同調査の開始以降初めて50%を下回った。しかしながら、それでも7人に1人が貧困状態にあるという高い貧困率であり、加えて、ひとり親家庭の貧困率の高さはOECD諸国でも群を抜いている。それゆえ、子どもの貧困が引き続き問題視され、2019年には上記法律と大綱が改正され、その対策の推進が求められている状況にある。

　2019年改正の同法と大綱では、改めて「学校を地域に開かれたプラットフォームとして位置付け」た上で、教育の機会均等の保障と学習支援がより明確に打ち出されている。それに向けて、子どもの生活の安定に資するための支援も規定されており、生と学びの両側面からの支援が求められている。また、子どもの「将来」だけでなく「現在」に向けた対策であること、および各施策を子どもの状況に応じ包括的かつ早期に講ずることが主な改正内容となっている。これらからは、日々成長発達する子どもの現在の生を豊かにするための早期介入が強く求められていると言える。

（2）子どもの貧困と政策実施における問題点

　上記、貧困状態にある子どもの生と学びの両側面からの支援の必要性は、「生活困窮者自立支援法」の改正に端的に示される。2015 年に施行された同法は、生活困窮家庭の「子どもの学習支援事業」を任意事業として実施することを求めていた。ただし、2018 年厚生労働省による「生活困窮者等の自律を促進するための生活困窮者自立支援法等の一部を改正する法律案」では、「子どもの学習・生活支援事業」へと名称の変更が示され、2019 年から施行されている。このように、子どもの貧困対策をめぐっては、子どもの教育の機会均等に向けて、学力・学習といった学びの保障に加えて生の保障にも注力するよう推移してきたと言える。

　その要因を分析した松村（2020）によると、貧困状態にある子どもの問題は、低学力や低学歴に示される認知的側面だけではなく、生活力の不足や非認知能力の未発達にあるとされる。生活力の不足とは、物質的な不十分さのみならず、自身の所属するコミュニティの文化を身につけられない状態を意味する。具体的には、朝に起床する、食事をとる、歯を磨く、衣服を洗濯するといった基本的な生活習慣をはじめとして、心身の健康を保つための調整力やあたたかなかかわりから育まれる安心感を得られない状態を示す。また、こうした中では、何かをできた体験や自分の望みが叶った経験を子どもはもちにくい。

　これに対して、学校内外での十分な支援がなされないままであると、柏木（2021）が述べるように、子どもは学習に必要なモノを揃えられずに学習に参加できなかったり、遅刻をしない、忘れ物をしない、宿題をするといった学校のルールへの適応が難しい状況におかれたりする。学校のルールや社会の習慣を必ずしも遵守しなければならないわけではないが、それらに適応することによって学校生活や社会生活をスムーズに送れる場合が多い。こうした貧困状態にある子どもは、落ち着いて授業を受けたり、積極的に発言をしたり、友達と気兼ねなく遊んだり、安心して活動に参加したりすることが難しい。

　貧困とは、このように物質的・文化的・関係的な剥奪状態として捉えられるものである。そして、その剥奪状態に長くおかれた子どもは、「なんだかしんどいけどまあ仕方がない」「自分が悪いのかな」と SOS を出せずに気持ちを抑

制したり、自分の望みややりたいことや将来をあきらめることに慣れていく。その中で、自己肯定感・意欲・希望を失い、無力化していく傾向にある。そして、「なんで生まれてきたんだろう」と生きるすべも意味も見いだせなくなっていく場合がある。したがって、貧困状態にある子どもの支援は、学力にとどまらない幅広い支援が必要になるとされる（松村2020）。そのため、「生活困窮者自立支援のあり方等に関する論点整理のための検討会」等では、生活環境や養育環境の改善に向けた世帯支援の重要性が提起されるに至ったとされる。

　これらから、子どもの貧困政策として、教育の機会均等がめざされており、そのためには生の保障をおこないながら、学びの保障をする実践が求められていると考えられる。ここで述べる生の保障とは、人間が生きていくために必要な物質的・文化的・関係的保障として考えられる。しかしながら、子どもの生と学びをどう保障するのかについて、上記政策や施策の中で具体的な提案がなされているわけではない。たとえば、学校をプラットフォームとしてどのような活動をおこなうのか、学校でどう学力保障をするのか、地域による学習支援をどのように展開するのかは、どこにも記されていない。こうした状態は、各現場のアクターに権限を委譲するガバナンスとして評価される点でもあるが、一方で、政策実施過程をブラックボックスとして現場に丸投げをし、入り口と出口を管理する新自由主義的な管理統制のあり方として問題視されるところでもある。

　そのため、本章では、子どもの生と学びの保障に目を向け、貧困対策としての教育政策実施過程の内実を検証し、その課題を提示する。その際、小学校の教育活動に着目する。というのも、貧困状態は子どもの心身の発育に乳幼児期から影響を与えるためである。それゆえ、たとえ大学の授業料免除等、高等教育以降の教育に関する支援があったとしても、貧困状態にある子どもがそれまでの早い段階で「モチベーションやエネルギーを失っていく」（山村2015、p.63）とすれば、その支援に至るまでにすでに教育から離脱していることになる。また、ヘックマン（2015）は、人生の成功は、幼少期に発達する認知的能力と非認知的能力（心身の健康・根気強さ・注意深さ・意欲・自信等の社会・情動的スキル）の影響を受けることを明らかにし、幼少期の発達への介入の重要性を指摘している。

これらから、早い段階での教育のあり方が重要であることがわかる。小学校の教育活動は幼少期の活動ではないものの、公的機関がすべての子どもに保障するもっとも早期の教育活動であり、その内実の検討が必要であると考えたためである。

2．教育政策と公正

　政策実施過程の内実を検証する前に、政策実施過程に関する理論的課題とその対処としての公正について述べる。教育政策の中には、子どもの貧困対策として明示されているものと、そうではないものがある。なぜなら、普遍的対応としてすべての子どもになされるものと、選別的対応としてなされるものがあるためである（小川 2019）。

　たとえば、公立学校の授業料、施設設備費、教科書代等は、普遍主義の考え方により無償となっている。こうしたハード面だけではなく、教員配置、カリキュラム内容も全国の地域間格差是正のためにかなりの程度統一されている。これらは、一部の子どもが不利を被るのではなく、すべての子どもが一定以上の学びを享受することのできるように設計された仕組みである。一方で、日本では、給食費、学用品費（絵の具・習字道具・裁縫道具セットや楽器等）、修学旅行・遠足・見学費、制服等は、私費負担となっている。ただし、要保護・準要保護世帯を対象に、教育扶助・就学援助費を支給し、そうした私費負担の軽減を図っている。こちらは、選別主義の考え方によるものである。

　このような再分配政策は、ロールズ（2001＝2004）の公正としての正義で提唱されたものと重なる。つまり、弱者の状況の改善を正義と位置付け、そのための制度設計を促すものである。しかしながら、公的制度ではすべての人々の生活実態や状況に応じた柔軟な対応をすることができない。それは、上述した再分配制度がありながら、日本の子どもの貧困が改善されずに、依然として大きな問題となっているところに見て取れるものである。そこには、貧困を物質的・文化的・関係的側面から捉える必要のあることも影響している。そのため、セン（20091＝2011）は、第二に人々の実際の暮らしの中での現実的な行為への焦点化が必要であると述べ、目の前の明らかな不正義を取り除くことで公正

を担保しようとする。その際、個人の実質的な選択の機会の多寡に着目し、それぞれに応じた資源配分をおこなうケイパビリティアプローチを主張する。

　これを教育活動に当てはめると、たとえば、家庭の事情でノートをもってこられない、宿題をすることができない子どもに対して、ノートは学校で準備して必ず学習に参加できるように、宿題は放課後の学校や学校外組織で必ずできるようにサポートする仕組みを身近な人々が整え、子どもが疎外感を感じることなく、自信や希望をもって授業に臨めるようにするものである。これらは、選別的対応とも呼べるものかもしれないが、子どもの日々の生活の中の困りごとを取り除くケアと捉えられる。つまり、ケアとは、目の前の明らかな不正義（困難や窮状）を取り除くことで公正を担保しようとする応答的行為となる。したがって、子どもの貧困の問題改善のためには、教師による子どもへの日々の働きかけや声かけに示されるケアが重要になる。また、そのための学校の組織的体制やケアの仕組みづくりが求められる。

3．子どもの貧困対策としての教育政策

（1）地方自治体の教育振興基本計画

　本節以降では、子どもの貧困政策が具体的な教育実践としてどう結びつくのか、つまり誰がどのように決定して実施するのかについて議論する。まずは、地方自治体の教育政策として教育行政の在り方から見ていく。各自治体の教育政策は、教育振興基本計画として示されている。第3・4節では、貧困対策が明示されている自治体の教育振興基本計画について取り上げ、その実施過程について、教育長1名と管理職1名および教員1名へのインタビューより検討する。

　ある自治体の教育振興基本計画には、子どもの貧困対策法施行以降2018年度までの子どもの貧困対策として、国の取組を踏まえながら、当該自治体の教育の支援の取組が以下のように提示されている。①奨学金の情報提供、②小・中学校への円滑な移行のための保・幼・小・中の連携、③学校応援サポート、④教育センターにおける相談員の所内研修の開催、⑤生活保護世帯に対する教育扶助の支給、⑥学力向上、⑦スクールソーシャルワーカー・スクールカウン

セラーの配置、専門カウンセラーによる相談・指導、就学援助、奨学金の支給、である。

　各項目の取組状況はそれぞれ1～2行にわたって記述されており、たとえば、②であれば、「食育、外国語教育等、各校区の実態に応じて、必要な項目の連携カリキュラムの作成に取り組んでいます」と述べられている。⑥の学力向上については別冊子が作成され、より具体的な取組が掲載されている。たとえば、「確かな言語力を育む」ために、言語力向上プロジェクト、リーディングスキルテストモデル校や国語力向上モデル校の新設、外国語教育の推進・NETの活用、図書館を使った調べる学習コンクールが、「これからの社会を生きる力を育む」ために、非認知能力の育成やネットリテラシー教育、プログラミング教育が、「ともに学びともに育つ教育を進める」ために、支援学級・通級指導教室での指導の充実、通常の学級における一人ひとりの子どもの発達や特性を理解した指導と支援、すべての子どもがともに育つ集団づくり、関係機関との連携の推進、支援教育に関する研修の充実が、項目として列挙されている。また、小中学校の取組を支える人的支援として、スクールサポーター等、教員以外の様々な支援員の配置が記されている。

　同様に、生活の支援の取組として、相談支援や支援センターの設置構想が掲げられており、養育支援家庭訪問、ショートステイ、トワイライトステイ、地域における子どもの居場所づくり等が整備されつつある状況が示されている。

　これらの結果として、生活保護世帯の子どもの高等学校等中退率の低下（2015年度 10.37%→2018年度 0.00%）、大学等進学率の上昇（2015年 36.70%→45.00%）が示されている。ただし、将来の夢や目標をもっていると回答した児童・生徒の割合や家で自分で計画を立てて勉強をしていると回答した児童・生徒の割合にはほとんど変化がない。

　これらからは、以下の2点を読み取ることができる。まず、自治体の教育振興基本計画には、子どもの貧困に対して誰がどう具体的に実践するのか、その実施過程が明記されているわけではない点である。たとえば、教育支援の②のカリキュラムを誰がどのような内容を込めて作成するのか、その主体や具体的内容については触れられていない。⑥の学力向上については、より詳細な項目が明記されているが、それも列挙した形であり、その具体的実践の在り方が述

べられているわけではない。つまり、学校が、特に教員が何をするべきなのかが示されているわけではないのである。次に、それゆえに、上記指標の変容・非変容の要因が不明のままである。つまり、高等学校等中退率の低下の要因が、教育扶助の支給なのか、スクールカウンセラー・スクールソーシャルワーカーの相談支援なのか、地域における子どもの居場所づくりにあるのか、高校の先生の集団づくりにあるのか、あるいは学習指導のあり方を変えたからなのか、説明変数が多すぎるままとなっており、教育政策の何がどう効果的であったのかが不明瞭のままである。

(2) 教育行政による対応

　上記を踏まえ、次に、教育行政が学校に対してどのような具体的な指示を出しているのかについて見ていく。ある自治体の教育長は以下のように語っている。

　　貧困対策はなかなか難しいんですけど、学校としてはね。……略……業務の中で、なかなか、これというのはないかと思いますね。家庭状況を把握して、つなぐところ。今はSSWがいてますので、一緒にアセスメントをして、会議をして、そこでつなげていくというのはあります。……略……（貧困状態にある子どもへの具体的なケアについては）学校裁量ではやっていると思いますけど、教育委員会がこうしてというのは言ってないですね。

　ここから、学校がプラットフォームとして、子どもを外部機関へとつなぐ役割を担っている点については読み取れる。しかしながら、教員による教育活動の中での貧困対策に関しては、学校裁量としているために具体的な指示を出していない状況となっている。その場合、現場の教職員が何をするのかを決定し、実行する役割となるため、その力量形成が求められる。それに対して、以下のような教育長の語りがみられた。

　　それは、OJTしかないかなと思ってますけど。だから、この子をどうするというふうに、先生にも考えてもらわないといけないので。ただ、（学

校組織内での）その伝わり方が、今はなかなかできてないので。

　教員が教育活動の中で貧困対策をおこなうためには、日々の教育実践の中での訓練や学びが必要であることがわかる。しかしながら、それが組織的に可能な状況にはない。これらからは、各自治体で貧困対策としての教育政策が掲げられているものの、調査からは、その実施過程に教育行政が関与しているわけでも、実施内容や方法を把握しているわけでもないことが推察される。加えて、学校現場でそれを担う教員の成長を促す仕組みがあるわけでも、そういった文化が必ずしも継承されているわけでもないといえる。

4．子どもの貧困対策としての教育実践

（1）ボトムアップによる教育実践

　本節では、学校現場の管理職や教職員が、貧困対策としての教育政策をどう受け止め、実践しているのかについて素描する。インタビュー対象者の勤務する小学校は、正規雇用の教職員・事務職員数が 25 名、国費と市費で雇用するサポーターが 5 名程度であった。児童数は 330 人程度の小規模、あるいは中規模校である。就学援助率は 30％弱である。学習指導をはじめ、日々の教育活動に関する教育行政との関係について尋ねたところ、以下の回答が管理職から得られた。

　　教育委員会の方針が決まるじゃないですか、それをうちの学校だったらどんなふうにしたらいいかなということを考えて教頭先生と相談して、リーダーの先生とも相談しておろしていくというようなやり方ですね。……枠組みは教育委員会です。それをどう学校に落とし込んでいくのかという。

　ここからは、教育実践の具体は、管理職をはじめ、組織的なチームが創りあげていることがわかる。したがって、方針や枠組みを決めるのが教育行政の役割だと認識されている。また、そこには、各学校の自律性やボトムアップによる教育活動を望む意向もあることが以下の語りからわかる。

一方的に上から下りてきて、「はい、わかりました」というのはやっぱり良くないということで、できるだけ、教育活動については校長に権限があるんですよ。教育課程の編成はね。だけど、校長としても、じゃあといって、他校のこともわからないまま、勝手に自分の学校だけ突き進むというわけにはいかない。バランスもやっぱりありますし、バランスが悪いと保護者から不信感が出てきますからね。

　管理職は教育課程編成において、つまりどのような内容をどう教えるのかという特に学習指導の面での学校裁量を主張しつつも、保護者からの要求や要望上、一定程度は他校と同一の内容をめざしている。ここからは、政策実施過程において、学校がその裁量権を有していると現場のアクターも認識しており、当該自治体の政策実施内容は学校間連携によっても創りあげられている点が読み取れる。

（2）　教育実践上の課題
ただし、その際に以下の課題が上記管理職より述べられている。

　どの組織でもそうじゃないかなと思うんですけど、大きなところではみんな一致してるんですよ、でも細かいところでちょっとしたことをどう埋め合わせていくのか。

　つまり、教育行政から示される方針や枠組みや、さらにその下位目標を共有しつつも、具体的な実践における差が生じるところに課題が見出されている。具体的には、以下のようなところである。

　（体操服等の貸与について）担任が学校で一緒に洗って、担任が返すみたいなことをしていた人もいるようですし、でも本当はおうちの人が洗うなり自分が洗うなりしてきれいにして返すという習慣を付けることが教育じゃないのかっていう議論もあったり、だから、貸し出すこともいいのだ

ろうかと、でも、貸し出さなかったらその子の学びが保障できないという
か、参加できないじゃないですか。……略……ただ、そこを担任に求めて
しまうと大変なので、そこの窓口を担任以外の先生が担ったりする。

　このように、たとえば学習に必要な用品をもってこられない子どもに対して、
そもそも貸し出すのか、それを貸し出したときに家庭や子どもに後処理をさせ
るのか、教職員で引き受けるのかで違いがみられる。第2節では、保護者も子
どもも自身ではいかんともしがたい状況の中で生活しており、自己責任として
かれらにその改善を求めることができず、貧困対策としてのケアの重要性を取
り上げたが、具体的な実践となると、このようにその対応が分かれているのが
現状である。また、そうした対応の違いは、クラスづくりにも生じる。ある教
員は次のように語る。

　　クラスはね、4月に出会ったときに最初に思うのは、どの子を引き上げた
　　ら学級全体が上がるかということなんです。だから、一番しんどい子を見
　　ないとだめだって。……略……みんな向こうの景色が見たかったら、ここ
　　には段をもってきた方がいいん違う？という感じで、道路でも掘れてたら
　　埋めるやんというので、それが本当の平等違うんかなというのは何かの折
　　につけ、話はしてますから。

　このように、教員の中には、まずはしんどい子どもへのケアを試みようとし、
そのためにも、上で述べたセンによる公正概念を子どもに伝え、クラスづくり
をしようとする教員もいる。しかしながら、こうしたクラスばかりではない。
クラスによっては、公正やケアの重要性を子どもに伝えないまま、再分配をす
るがゆえに、再分配された子どもがその他の子どもから「ずるい」とされ、ス
ティグマを付与される場合もある。
　なお、上記の貸し出し場面では担任の負担について述べられていたが、コ
ピーやアンケート結果の集計作業、掲示物等をサポーターに担ってもらうこと
で、子どもや保護者対応の時間的余裕ができる点について管理職は以下のよう
に述べている。

教員が子どもに集中できる、家庭訪問とか、トラブルを解決するとか、保
　　護者に電話連絡するとか、そういうことに時間を割けるようになった。

　ここからは、普遍的な教育政策が、教員の時間の再分配という形で貧困対
策を促進する点を見て取れる。また、教員の対応の違いを縮小するためには、
「子どもが困っていることを何とかしたいという気持ちが一緒やったら、わり
と動きやすいというか」と教員は述べていた。

5．これから深めていくべきテーマ／教育政策実施過程の4つの課題

　上記より、子どもの貧困対策としての教育政策実施過程の課題として、以下
の4点を指摘することができる。
　第一に、学校現場のアクターによって、実質的な対応が異なっている点であ
る。貧困対策としての教育政策の成否は、教育行政による実施過程への具体的
な指示や関与がないままに学校現場のアクターである教職員に委ねられている。
これについては、学校の自律性や裁量権の問題とも関連し、ボトムアップによ
る教育活動の形成といった点では、評価できる点である。しかしながら、具体
的な実践場面では、ケアを担う教員と必ずしもそうではない教員に分かれてい
るのが現状である。また、学校で統一したケアを実施する仕組みの構築もなか
なかなされにくい状況にあるのが推察される。
　第二に、ケアする教員として成長するための訓練や学びの機会を保障する組
織的体制が整っているわけではない点である。教員による共通見解の重要性は
示されているものの、やはりそれだけでは具体的な実践の内容や方法における
力量形成を図ることができるわけではない。つまり、子どもの貧困対策として
の教育政策を担える教員が継続的に育成されにくい状況にあるといえる。
　第三に、貧困状態にある子どもがクラスの中で疎外されている懸念がある点
である。クラスづくりに公正やケアの視点を取り入れるかどうかは教員に委ね
られている。子どもの貧困対策がなされつつも、クラスや子どもの仲間関係の

有り様によって、子どもはスティグマを付与されたり、安心できない関係性の中におかれたりする可能性がある。

　第四に、保護者の意向が民主的な学校や社会づくりに向けて作用する一方で、形式的な平等を促し、ケアに基づく公正を阻害する懸念がある点である。保護者の要求や要望によって、他校とのバランスをとるためにカリキュラムを統一すると、多様な困難を抱える目の前の子どもに応じた授業を展開しにくくなる。ケアする実践を躊躇したり拒んだりする教員の判断には、こうした保護者や地域住民の意向も影響を与えていると思われる。つまり、一教員がケアする教育実践をおこなったとして、そこに保護者や地域住民からの問いかけがあった場合、その全責任を一教員が負えるわけではないのである。そのため、貧困対策において教員による実質的な対応が異なる背景的要因として、学校の組織的な構造と保護者や地域住民といった学校外アクターの要求構造にも目を向ける必要がある。したがって、ガバナンスによる政策実施過程ではあっても、メタ・ガバナンスとしての教育行政の責任を問うことで、一教員が目の前の明らかな不正義を取り除く実践を積極的に行える仕組みづくりが必要であると思われる。

　これらから、貧困状態にある子どもの生と学びの保障が十分になされているとはいえず、子どもの貧困対策を充実させるためには、現場のアクターの実践に関する調査とその支援が求められる。特に教育政策の成果は多様であり、またその成果が判明するまでに長時間を要するものが多く、かつ成果に対して家庭環境など他の要因が強く影響し、政策と成果の因果関係の証明が難しいことが指摘されている（文部科学省 2021）。したがって、政策と成果を直接的に結びつけるよりも、政策実施過程へのより丁寧な着目と評価指標の作成が必要であると考えられる。また、教員の業務支援のためのサポーターを配置するといった普遍的な政策が教員の余剰時間を生み出し、困難を抱える子どもへのケアへと転じる点が示唆されていることから、基準を設けない普遍的な政策を基盤として広げつつ、ケアを可能とさせる柔軟な政策を実施する重要性を指摘することができる。

手にとって読んでほしい5冊の本

1. 青砥恭（2009）『ドキュメント高校中退－いま、貧困がうまれる場所』ちくま新書

貧困状態におかれた子どもの状況が克明に描かれており、そうした子どもに対して学校や行政や社会ができることがわかりやすく記されている。

2. 岩田正美（2007）『現代の貧困－ワーキングプア／ホームレス／生活保護』ちくま新書

貧困の理論と現状についてわかりやすく述べた著であり、貧困問題に関する基礎的素養を身につけることができる。

3. 松岡亮二（2019）『教育格差－階層・地域・学歴』ちくま新書

学力格差の要因を子育ての中でのかかわりや地域差といった多様な説明変数から明らかにした著であり、教育に関心があるのであれば読んでおくべき1冊である。

4. Lister, R.（2004）*Poverty*, Policy Press.（松本伊智朗監訳、立木勝訳（2011）『貧困とはなにか－概念・言説・ポリティクス』明石書店）

貧困とは何かを理論的にも具体的事例にも則して記しており、イギリスではテキストとして使用されることが多い。

5. Martin, J. R.（1992）*The Schoolhome: Rethinking Schools for Changing Families*, Harvard University Press.（生田久美子監訳（2007）『スクールホーム－〈ケア〉する学校』東京大学出版会）

学校は家庭的基盤の整った子どものみを教育する場ではないとする著者の思いとともに、すべての子どもが安心できる学校づくりについて述べた著である。

注
(1) 国民生活基礎調査によると、調査開始時の1985年の子どもの貧困率は10.9％であり、すでに10人に1人以上が貧困状態に陥っている。また、松岡（2019）は、貧困率に加えて実数に着目する必要性を指摘している。たとえば、1985年の15歳学年人口は188万人であり、当時の貧困率を該当学年にそのままあてはめると、約20.5万人の子どもが貧困状態にあった。同様の計算をすると、1988年の15歳学年人口の約26.3万人が、2012年の15歳学年人口の約19.6万人が貧困状態にあった。2012年は、子どもの貧困率が16.3％と過去最高であったが、1980年代にはその時

の実数よりも多い数の子どもが貧困状態に陥りながらも、貧困対策をなされていない状況の中で生活していたことになる。その頃の子どもが現在の保護者世代となっており、貧困の世代間再生産の一因は、国家的な貧困政策の不備の中で放置されたところにあると考えられる。

(2) 子どもの貧困率は、相対的貧困率から割り出された数値である。相対的貧困率は、OECDやユニセフなどの国際機関で用いられる貧困の測定指標である。その算出方法は、等価可処分所得（世帯の可処分所得を世帯員数の平方根で割ったもの）の中央値の50％を貧困線とし、それに満たない人々が全体に占める割合を求める。

第９章

子どもの貧困対策の指標を考える

埋橋孝文

グラフィック・イントロダクション

図表９－１ 子どもの貧困への総合的アプローチ

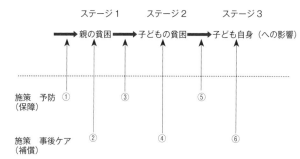

出所）筆者作成

　図表９－１は親の貧困から子どもの貧困へと至る３つの経路（➡で示される）および「親の貧困」「子どもの貧困」「子ども自身（への影響）」という３つの段階（ステージ）を示している。また、下部の①～⑥は、それぞれに対応した施策の種類を整理している。

この図は複雑に絡み合った事象をいくつかの〈プロセス〉に分けることで解きほぐし、理解を容易にするねらいをもつ。その上で、一連の流れのなかの各ステージと各経路において必要で、かつ、実施可能な政策的対応を例示している。

1. 何が問題か／子どもの貧困対策を評価する

近年、子どもの貧困への社会的注目が高まり、それを背景にして、以下のような立法措置および基本的な方針の策定がおこなわれた。

2013年6月「子どもの貧困対策の推進に関する法律」（以下、旧法という）

2014年8月「子供の貧困対策に関する大綱」（旧大綱）

2019年6月　法律の改正（新法）

2019年12月　大綱が改訂（新大綱）

※法律では「子ども」であるが、大綱では「子供」の表記が用いられている。紛らわしくて区別に意味がないので本章では以下「子ども」に表記を統一する。

こうした子どもの貧困対策は、公共政策としてどのような特徴をもつものであろうか、より端的にいうと、一方でどのような効果が期待でき、他方でどのような問題をもっているのであろうか。本章はこうした政策研究上の課題に迫ろうとするものであるが、やや問題が大きすぎるため、本章では、とりあえず、大綱に掲載されている指標がどのような性格をもつかを、私たちが以前提案した「総合的アプローチ」に照らして、また、「政策評価のロジックモデル」上に配置することによって明らかにする（子どもの貧困への総合的アプローチについては、埋橋ほか編著2019、序章、ロジックモデルについてはロッシほか著2005、pp.88-91を参照のこと）。私たちが指標に注目するのは、適切な評価指標が設定されていなければ政策の進捗状況や目標の達成度合いを判断できないという理由からである。

貧困対策（大綱）に関してふれておく必要があるのは、以下の2つの会議である。

1）「子どもの貧困対策に関する検討会」（2014年4月〜6月、計4回開催、

座長：宮本みち子、以後「検討会」という）

2）「子供の貧困対策に関する有識者会議」（2016年7月～、2020年9月までに計16回開催、座長：宮本みち子、以後「有識者会議」という）

「検討会」および「有識者会議」では毎回真摯な議論が展開され、それぞれ新旧の大綱に反映されるべき子どもの貧困対策の有効性を高めるのに大いに貢献した。そのこと自体は高く評価しつつも、そこでの議論および大綱の重要な限界として、以下の4点を指摘できる。

①対策が教育の支援に偏重していること。

②子どもの貧困を把握するための指標に重点が置かれ、貧困対策上の指標、つまり、政策ロジックモデルの各段階における指標についての十分な議論がおこなわれなかったこと。

③その結果、アウトプット指標がごく少なく、そのため、政策のアウトプットとアウトカムの関係を把握することが難しくなっており、「対策の効果等を検証・評価」できないこと。

④新大綱で追加された指標にもまだ不足しているものがあること。

以下、具体的に説明していく。

2．新・旧の子どもの貧困対策法比較

新旧の貧困対策法の第1条（目的）からそれぞれの手段と目的を抜き出せば図表9－2のようになる。

旧の対策法では、子どもの将来、世代間継承の問題が大きくクローズアップされており、また、教育の機会均等が重視されていた。それに対して新の対策法では、改正前の旧と比べて1）貧困の解消という文言が入って手段として明示的に取り上げられ、2）「子どもの将来」が後景に退き（子どもの将来⇒子どもの現在および将来）、3）教育の機会均等の保障は旧と同じく重視され、4）旧で子どもの貧困対策は、「教育の支援」「生活の支援」「就労の支援」「経済的支援」の4つの施策から成るとされていたが、新でもそれが踏襲されている。

新旧の大綱とも教育の支援が最初にあることについては、有識者会議で委員から生活の支援が先頭に来るべきではないかという意見が出されたが（第9回、

図表 9 - 2 旧対策法と新対策法

	旧対策法	新対策法
手段	1）貧困の状況にある子どもが健やかに育成される環境の整備 2）教育の機会均等 （①教育の支援、②生活の支援、③就労の支援、④経済的支援）	子どもの貧困の解消 （①教育の支援、②生活の支援、③就労の支援、④経済的支援）
目的	子どもの将来がその生まれ育った環境によって左右されることのないように	すべての子どもの健やかな育成、教育の機会均等、夢や希望を持つことができるように 子どもの現在及び将来がその生まれ育った環境によって左右されることのないように

出所）筆者作成

12回議事録を参照）、その場では詳しく議論されず、結局そのようには修正されなかった。子どもの貧困は親の貧困が原因である場合が多いことを考えると、本来は、生活の支援や就労の支援、経済的支援が先に来るべきである。そうならなかったのは新旧の子どもの貧困対策法でそういう順番になっている、ということ以外に合理的な理由は見当たらない。

3．大綱に盛られている指標

　政策評価論の領域では、政策（policy）＞施策（program）＞事業（project）が分類されることがあるが、子どもの貧困対策の場合、政策は子どもの貧困対策法と大綱（新の場合）に示され、施策の大項目は4つ（1：教育の支援、2：生活の安定、3：保護者の職業生活の安定と就労支援、4：経済的支援）であり、施策の中項目は18、事業は51から成っており、予算項目は154ある。
　子どもの貧困対策大綱で特徴的なことは「関係施策の実施状況や対策の効果等を検証・評価するため」に「子どもの貧困に関する指標」が定められ、またそれを受けて、先に挙げた施策や事業のそれぞれが「指標の改善に向けた重点

施策」として位置づけられていることである。ここでは指標の役割として①「関係施策の実施状況の検証・評価」および②「対策の効果等を検証・評価」の2つが大綱に記されていることを確認しておきたい。

　旧大綱では計25の貧困に関する指標が挙げられ、新ではそのうち11が消え、新たに25が付け加わり、計39となった。

　新旧大綱に共通している指標（14）

　生保世帯の子どもの進学率（高校、大学）－計2、高校中退率－計1、児童養護施設の子どもの進学率（中学卒業後、高校卒業後）－計2、ひとり親家庭の子どもの就園率、進学率－計3、スクールカウンセラー（以下SC）の配置率－計2、ひとり親家庭の親の就業率－計2、子どもの貧困率（国民生活基礎調査）－計1、ひとり親世帯の貧困率（国民生活基礎調査）－計1　総計14

　コメント⇒新でも旧の項目を踏襲したものは、生保世帯、児童養護施設、ひとり親世帯の子どもをめぐる教育関係の指標計8である。これらの子どもは様々な点でハンディキャップ（貧困／不利／困難）をもついわばハイリスクグループといってよい。その他に、SCの配置率が2あり、また、子どもの貧困率とひとり親世帯の貧困率、ひとり親世帯の親の就業率がある。

　新大綱でなくなった指標（11）

　生保世帯の就職率（中学、高校）計2、児童養護施設の就職率（中学、高校）計2、ひとり親家庭の子どもの就職率（中学、高校）計2、スクールソーシャルワーカー（以下SSW）の人数計1、就学援助制度の周知計2、奨学金採用者／希望者計2　総計減11

　コメント⇒就職率に関する指標6つがなくなっているが、これは妥当である。というのも、100％から進学率を引いた数字でほぼ代替できるからであり、今日、一般成人と異なって子どもの場合、就職率そのものが（高める）目標にはなりえないからである。SSWの人数がなくなり、「対応実績のある学校の割合」に代わっている。しかし、「対応実績のある」というのはいかにも曖昧であり、どうにでも操作できる。人数も常勤か非常勤かの区別が必要であり十分とは言えないが、それに加えてSCのような「配置率」の指標にすべきである。「就学援助制度に関する周知状況」が統合されて一つになっているが、「書類を配布している」という、周辺的かつ些末な指標であり、実績を上げるため

の操作可能なものであり、適切ではない。奨学金採用者／希望者の割合は例年100％なので意味がなく、新ではなくなった。

新大綱で追加された指標（25）

全世帯の子どもの高校中退率、数－計2、SSWの学校の割合－計2、就学援助制度の周知－計1、学用品費などの入学前支給－計2、奨学金の利用者数－計4、公共料金の未払い－計2、食料、衣服が買えない－計2、頼れる人がいない－計2、ひとり親家庭の親の正規の割合－計2、子どもの貧困率－計1、ひとり親の貧困率－計1、養育費の取り決め－計2、養育費の受け取り－計2
総計増25

コメント⇒まず「全世帯の子どもの高校中退率」は、比較するためのものであろうが、もしこれが必要とするならば全世帯の「高校進学率」「大学進学率」「就園率」なども必要になるであろう。なぜこの中退率だけが比較のために挙げられているのか、理解に苦しむ。SSWについてはすでにふれたが、「対応実績」とはいかにも曖昧であり、今後、より厳密な「配置率」と正規換算した職員数などに置き換えるべきである。就学援助制度に関する周知状況（具体的には「書類を配布している市町村の割合」）も指標としては些末的であり、恣意的に操作される危険性がある。それに比べれば「学用品費などの入学前支給」はより重要である。2020年4月から始まった奨学支援新制度の利用者数は今後の推移が注目される指標である。

公共料金の未払い、食料、衣服が買えない、頼れる人がいないなどの指標はいずれも「生活と支え合いに関する調査（特別集計）」からのもので、貧困を生活により身近な視点から把握しようとする、「物質的剥奪」「社会的排除、孤立」に関係する指標である。今回、これらの指標が追加されたことは好ましい。同じく、ひとり親家庭の親の正規、非正規の割合が追加されたことも首肯できる。

子どもおよびひとり親世帯の貧困率に関してそれまでの国民生活基礎調査の数字（子どもの貧困率13.9％、ひとり親50.8％）だけでなく全国消費実態調査の数字が追加された（同じく7.9％、47.7％）が、その意味、理由がよくわからない。最後に、養育費関係の指標が追加された。養育費支払いの義務化については異論も多いが、実態把握としては重要なものであると考えられる。ひと

り親にとって養育費は勤労収入、児童扶養手当と並んで大きな収入源であるか
らである。

4．貧困対策指標の分類と分析

　ここでは、まず私たちが科研プロジェクトで提唱した「子どもの貧困への総
合的アプローチ」に照らして新大綱の39の指標を分類し（図表9－1参照）、
併せて「政策評価のロジックモデル」に照らして（図表9－3参照）指標を分
類し、その特徴を浮かび上がらせる。

（1）子どもの貧困への総合的アプローチ

　図表9－1（本書 p.186）の一つの大きな効用は、子どもの貧困への政策的
対応の整理が可能になることである。それぞれの経路とステージごとに実施さ
れる施策を分類し、また、それらが予防・事前ケアかどうか、それとも事後ケ
アかどうかによって、あるいは金銭的支援かどうか、サービスによる支援かど
うかによって分類することができる。

　予防・事前ケアの場合（奇数番号①、③、⑤）は上段に、事後ケアの場合
（偶数番号②、④、⑥）は下段に配置している。ただし、事後ケアといっても
それは後のプロセスとステージからすれば予防・事前ケアになることに注意が
必要である。たとえば、生活保護手当の支給は、親の貧困に対しては事後ケア
であったとしても、後のプロセスである子どもの貧困に対してはそれを予防す
ることになるし、貧困が子どもに及ぼす影響を少なくすることになる。

　図表9－1によって「子どもの貧困に対する総合的なアプローチ」がどのよ
うなものかが浮き彫りになる。つまり、総合的アプローチとは、図の中の①か
ら⑥をすべて視野に入れるものである。その中には、親を直接的な働きかけの
対象とするものもあれば子どもへの働きかけを中心とするものもある。また、
予防的な施策もあれば事後的な「治療的」な施策もある。さらに、現金給付や
サービス給付の両方を含み、しかも、最低賃金制度などの〈規制〉や、母子生
活支援施設や児童養護施設などのサービスを提供する〈施設でのインケアとア
フターケア〉をも含む。つまり、「子どもの貧困」に対する総合的なアプロー

チとは、文字通り、包括的なものである。

　私たちは、子どもの貧困は親の貧困と区別されるべきであるという認識に立っている。そうして初めて福祉・教育の分野での子ども自身への働きかけが可能になる。あるいは、子どもの貧困への対応をめぐって、親と子どもの貧困を区別せずに「子どもの貧困は親の貧困である」と断定した場合に、視野に入ってくるのは図表9−1の①、②であるが、区別すると③、④、⑤、⑥も視野に入ってくる。福祉的および教育的働きかけにとってこうした③、④、⑤、⑥は欠くことのできない重要なとりくみ領域であることは言うまでもない。

　ただし、その一方で子どもの貧困の直接的な原因は「親の貧困」にあるのも厳然たる事実である。それゆえに、子どもへの働きかけだけで子どもの貧困が予防できる、もしくは、根本的な解決に至るわけではない。図表9−1は子どもへの働きかけだけで子どもの貧困が解決するわけではなく、根本的な解決のためには親の貧困への働きかけが必要であることをも示している。まさしく「総合的アプローチ」が必要な所以である。

（2）貧困対策指標をロジックモデルに配置する

　政策評価論におけるロジックモデルとは、政策プログラムをどのように運営すると近位、遠位のアウトカムがもたらされるのか、プログラムがどのように作用するかの論理（ロジック）をモデル化したものであり、「もし〜したら、〜になる（if〜、then〜）」という仮定上の因果関係の連鎖を表している。ここで注目したいのは図表9−3でコントロール可能な範囲が示されていることである。つまり、インプットからアウトプットまでは政策実施者側のコントロールが及ぶ範囲である。その意味で、政策を生み出すマネジメント可能なプロセスであるともいえる（山谷・源・大島 2020、pp.37-44）。

　政策評価といえば、政策の結果＝アウトカムに関心が向きがちであるが、実はそれは評価の一部でしかない。ロッシの古典的著作では5つのプログラム評価階層のうちの一つに「プログラムのプロセスと実施のアセスメント」があり、それが「アウトカムにどのような影響を与えているか」が評価の重要なポイントとなる（ロッシほか 2005、第3章）。さらに、ワイスによれば「ブラックボックスのような評価」が次のように手厳しく批判されている。

図表9－3　ロジックモデルの基本形

「ブラックボックスのような評価もある。アウトカムに関わるデータのみが集められ、プログラムの中で何がおこなわれたかを把握しておらず、途中のプロセスが不透明になっている。……アウトカムが期待されたものに達していなかったとしても、評価者はなぜそのような結果が導かれたのか、理由が分からない。これでは評価者は、評価結果に基づく提言をする段になると苦境に陥る。」（ワイス 2014、p.373）

　上で指摘されている「途中のプロセス」とは、図表9－3に即していえば、どれだけの資源が政策目的のために投入されているか（インプット）、どのような活動がおこなわれ（アクティビティ）、どのような公共財や公共サービス、規制措置が生み出されたか（アウトプット）を含むものであり、それらは「コントロール／マネジメントが可能」であることに特徴がある。

　以上のことを踏まえて、次に、新貧困対策大綱の39の指標を「貧困への総合的アプローチ」と「ロジックモデル」に配置し、指標の特徴を浮き彫りにする。

　「貧困対策の川上」（①②③）の指標計19はすべてが親に係る指標である。アウトカム（中間成果）に限定して述べれば、すでに指摘したように、新で、食料、衣服が買えない経験、公共料金の未払い経験、頼れる人がいないと答えた割合などが追加されたことは、貧困をより身近な観点から捉えるために必要なものであり、歓迎されるべきである。ただ、子どもとひとり親の貧困率だけでなく全世帯の貧困率が比較参照のために必要だし、ひとり親世帯の収入が全

活動とアウトプット	アウトカム１（中間成果）	アウトカム２（最終成果）
「貧困対策の川上」の指標： 就学援助制度に関する周知	ひとり親について ・養育費の取り決め割合 ・就業率 ・正規職の割合 ・子どもの就園率	・ひとり親世帯の貧困率 ・食料、衣服が買えない経験 ・公共料金の未払い経験 ・頼れる人のいないと答えた割合 　（ひとり親世帯、低所得世帯）
「貧困対策の川下」の指標： ・スクールソーシャルワーカーに 　よる対応実績のある学校の割合 ・スクールカウンセラーの 配置率 ・新入学生の入学前支給の実施（小 　学校、中学校）	・生保の子どもの進学率（高校、大学 　等） ・生保の子どもの高校中退率 ・児童養護施設の子どもの進学率（高 　校、大学等） ・ひとり親家庭の子どもの進学率（高 　校、大学等） ・ひとり親家庭の子どもの高校中退率 ・高等教育の修学新制度の利用率	・子供の貧困率

出所）筆者作成

世帯の収入に占める割合もぜひ参考にされるべき指標であろう。しかし、もっとも大事な点は貧困問題への対策であるにもかかわらず「生活保護」に係わる指標が皆無な点である。

　アウトカムだけに限っても生活保護受給率（全世帯とひとり親世帯）が最低限必要であろう。さらにいえば、就学援助制度に関する実態を示す指標もあってしかるべきである。

　なかでも一番の問題は、19の「貧困対策の川上」の指標の内、活動の実績（アウトプット）に関するものは一つだけ（就学援助制度に関する周知）であることである。しかもそれは、すでにふれたように、「指標としては些末的である」。他はすべてアウトカムに関する指標である。つまり、後でやや詳しく見るが、そうしたアウトカムを達成するプロセスである手段が不明になっている。「貧困対策の川上」は親の貧困への働きかけであることを踏まえれば、図表９－１の①②③にあるような、最低賃金制、低所得者支援、生活困窮者自立支援制度、生活保護、児童手当、児童扶養手当などの施策の実施状況の指標が必要不可欠である。

　「貧困対策の川下」（④⑤⑥）の指標計20は、貧困率を除いてすべてが子どもに係る教育面の指標である。まずアウトカムに限れば、ヤングケアラーの人数や生活保護の教育扶助を受けている子どもの数と割合があってもよい。また、

児童養護施設の子どもが施設退所後に正規職に就く割合も必要である。

　活動の実績（アウトプット）に関するものは4つだけであり、他の16はすべてアウトカムに関する指標である。つまり、川上の場合と同様に、そうしたアウトカムを達成するプロセスである手段が不明である。活動の実績（アウトプット）としては、狭義の教育だけでなく、子どもの食事（給食の普及率を含む）、保健－健康などの分野への指標の拡充が望まれる。

5．子どもの貧困対策に係る指標の問題点

　先に、大綱では、指標の役割として①「関係施策の実施状況の検証・評価」および②「対策の効果等を検証・評価」の2つが記されていることを確認した。まず①についてであるが、施策の実施状況の検証・評価をおこなうためには適切な指標が設定されていることが重要である。つまり指標の「妥当性」が担保されていなければならない。「妥当性 validity とは、測定すべきものを測定していること」である（小野 2018）。しかし、すでに指摘したように、政策をインプット－アクティビティ－アウトプット－アウトカムという一連の流れに位置づけた場合に、大綱に示されている指標には、「関係施策の実施状況」をめぐるものがない、つまり、アクティビティとアウトプット（活動の実績）に相当する施策の中身の指標がない。これでは「実施状況の検証・評価」がそもそもできない。

　指標の役割の②「対策の効果等を検証・評価」についてはどうであろうか。アウトカムについては川上、川下合わせて39指標中32が相当し、生活保護や困窮者自立支援関連のものを中心にいくつかの重要なものが抜けているにしても数的には十分である。子どもの貧困対策の場合、子どもの貧困そのものをどう把握するかについて「検討会」「有識者会議」で熱心な議論がおこなわれたことがこうした成果をもたらしたといえる。ただし、上でふれたような「関係施策の実施状況」をめぐる指標が極端に少ない場合、「対策の効果等を検証・評価」できない。というのも、政策手段と成果の関係を探ることができないからである。「ロジック（最終的な目標までの論理的過程）が明確であれば、その各段階（ブロック）の達成状況がわかる評価指標を設定できる」といわれる

が（小野 2018）、そうなっていない、つまり活動の実績に係わる評価指標が設定されていない点が問題である。

6．これから深めていくテーマ／数値目標の設定をどう考えるべきか

　子どもの貧困対策大綱の指標には上で挙げたようないくつかの限界がある。大きく分ければ第1に、特に川上の対策で生活保護や生活困窮者自立支援関係の指標が手薄であることである。いうまでもなく、これらは子どもの貧困問題の指標として必要不可欠なはずである。第2に、活動の実績（アウトプット）の指標がなくそのためアウトプットとアウトカム（成果）の関係を探ることができず、政策の改善のための評価と提言ができないことである。このことは政策論では常識に近いほど周知の事柄である。検討会や有識者会議ではこうした点の議論はおこなわれず、委員およびその事務局にはこの点についての知見の共有がなかった点が残念である。

　最後に、本章では十分に議論できずに今後に残された課題をいくつか指摘しておきたい。

1) 貧困対策大綱で欠けているいくつかの指標を指摘したが、未だ断片的な指摘にとどまっている。補われるべき指標を体系的に提示すること。

2) 大綱では盛り込まれなかった「数値目標」について、少子化対策や高齢化対策など、数値目標を掲げている対策との比較検討を踏まえて、その設定の是非を議論すること。

3) 政策の改善のために必要不可欠な評価指標に焦点を絞ってロジックモデルを構築したが、それと並んで、具体的には施策の4つの大項目（1：教育の支援、2：生活の安定、3：保護者の職業生活の安定と就労支援、4：経済的支援）、18の中項目、51の事業に即してのロジックモデルを構築する必要がある。

4) 本章執筆の準備の段階で、個々の重点施策の154ある予算項目を逐一検討したが、多くの予算が「×××の内数」と表記されていた。つまり、子どもの貧困対策以外の多くの施策も同時に含まれており（たとえ

ば「学校教育による学力保障」「学校給食の提供」「食育の推進」など）、
その全体の中から子どもの貧困対策の予算だけを取り出すことができな
いような形になっていた。この内数を除いて具体的な金額が示されてい
るものだけで集計、検討することもできるがあまり意味がない。つま
り、ロジック分析のインプットについては適当なデータが得られなかっ
た。このことは、実は、子どもの貧困対策に含まれる普遍主義的な政策
とターゲットをハイリスクグループに絞った選別主義的な政策の関係を
どうみるかという問題とも関連し難しい点を含んでいるが、今後、子ど
もの貧困対策特有のインプット指標について検討を重ねる必要がある。

手にとって読んでほしい5冊の本

1. 阿部彩（2014）『子どもの貧困II－解決策を考える』岩波新書
　　社会的インパクトのたいへん大きかった前著（『子どもの貧困I－日本の不公平
　　を考える』）に続く本で、政策志向をより強めている。「測定することが政策の
　　第一歩なのである」（p.218）との叙述が印象的。

2. 埋橋孝文ほか編著（2019）『子どもの貧困／不利／困難を考えるIII－施策に向
　　けた総合的アプローチ』ミネルヴァ書房
　　子どもの貧困を親の貧困に由来するものと捉えつつも両者の違いと子どもの貧
　　困に特有の困難に注目し、「子どもの貧困に対する総合的アプローチ」を提唱。

3. 松本伊智朗編集代表、山野良一・湯澤直美編著（2019）『支える・つながる－
　　地域・自治体・国の役割と社会保障』（シリーズ　子どもの貧困5）明石書店
　　子どもの貧困に対する対応策の全体像が「ナショナルミニマムの確保とソー
　　シャルワークの展開」という観点から示されている。

4. 山谷清志監修、源由理子・大島厳編著（2020）『プログラム評価ハンドブック
　　－社会問題解決に向けた評価方法の基礎・応用』晃洋書房
　　読者本位にていねいに作られた標準的テキスト。類書と比べて、評価指標の説
　　明やODA、NPOなどに関わる実際の事業評価の紹介があるのが特徴である。

5. テス・リッジ（中村好孝・松田洋介・渡辺雅男監訳）（2010）『子どもの貧困と
　　社会的排除』桜井書店

子どもに直接インタビューすることで子どもの貧困体験を明らかにした労作。低所得家庭の子どもたちにとっての友人関係の重要性や「自己アイデンティティと社会的防衛にとって格別に重要」な服装など、子ども視点からならではの興味深い知見が見いだされている。日本では貧困家庭の子どもに直接聞き取りをすることは倫理的配慮の点からして難しい。上の2の文献はその代わりに「昔の子ども＝今の大人」に子どもの頃を回顧してもらう形で調査している。

子どもの「教育支援」のアウトプット指標

　子どもの教育を受ける機会の均等を図ることが、子どもの貧困対策の重要な一環とされている。その理由の一つとして、「子ども期の貧困」が「現在（成人後）の生活困難（食料困窮）」に至る重要な経路の一つは「低学歴」であることが挙げられる（阿部 2014、p.24）。

　2019 年に改訂がおこなわれた「子供の貧困対策に関する大綱」（以下、大綱）に、「教育の支援」「生活の支援」「保護者の職業生活の安定と就労支援」「経済的支援」の 4 つの分野、計 39 項目の指標が盛り込まれている。その中で、「教育の支援」の指標数はもっとも多く、21 項目がある。

　しかし、2020 年までの約 10 年の経年変化からみると、21 指標の多くに明らかな変化はみられないことが次表から読み取れる。より詳しく説明すると、「生活保護世帯に属する子供の高等学校等進学率」「スクールソーシャルワーカーによる対応実績のある学校の割合（小学校・中学校）」などの指標の割合変動は、1 ポイント前後から 10 ポイント以内である。ただ、その中で大きく改善できる余地のある指標（例：70％台の「ひとり親家庭の子供の就園率」）もあれば、そうでない指標（例：90％台の「生活保護世帯に属する子供の高等学校等進学率」）もあることに留意されたい。

　それらに対して、「児童養護施設の子供の進学率（高等学校卒業後）」「ひとり親家庭の子供の進学率（高等学校卒業後）」「スクールカウンセラーの配置率（小学校）」「就学援助制度に関する周知状況」「新入学児童生徒学用品費等の入学前支給の実施状況（小学校・中学校）」の 6 指標に 10 ポイント以上の変動がみられる。中でも、「新入学児童生徒学用品費等の入学前支給の実施状況（小学校）」の割合は、2018 年の 47.2％から 2020 年の 82.3％へと約 2 倍増加している。

　「教育の支援」21 指標の変化に差異がみられている中で、それらの変化を促進するまたは妨げる要因とは何かが明確になっていないという課題が残されている。この課題をもたらしたのは、21 指標のうち、アウトカム指標に相当するのが 14

表　子どもの「教育支援」指標の経年変化

「教育の支援」指標	大綱策定前後	大綱改訂前後	直近値
1-2. 生活保護世帯に属する子供の高等学校等進学率・中退率	90.8%・5.3%（2013 年）	93.6%・4.1%（2017 年）	−
3. 生活保護世帯に属する子供の大学等進学率	32.9%（2013 年）	36%（2018 年）	37.3%（2020 年）
4. 児童養護施設の子供の進学率（中学校卒業後）	96.6%（2014 年）	95.8%（2018 年）	96.4%（2020 年）
5. 児童養護施設の子供の進学率（高等学校卒業後）	22.6%（2014 年）	30.8%（2018 年）	33.0%（2020 年）
6. ひとり親家庭の子供の就園率（保育所・幼稚園等）	72.3%（2011 年）	73.4%（2016 年）	
7. ひとり親家庭の子供の進学率（中学校卒業後）	93.9%（2011 年）	96.3%（2016 年）	
8. ひとり親家庭の子供の進学率（高等学校卒業後）	41.6%（2011 年）	58.5%（2016 年）	
9-10. 全世帯の子供の高等学校中退者数・中退率	−	48,594 人・1.4%（2018 年）	34,965 人・1.1%（2020 年）
11-12. スクールソーシャルワーカーによる対応実績のある学校の割合（小学校・中学校）	−	50.9%・58.4%（2018 年）	54.2%・59.7%（2019 年）
13. スクールカウンセラーの配置率（小学校）	37.6%（2012 年）	67.6%（2018 年）	84.7%（2019 年）
14. スクールカウンセラーの配置率（中学校）	82.4%（2012 年）	89.0%（2018 年）	91.1%（2019 年）
15. 就学援助制度に関する周知状況	−	65.6%（2017 年）	78.7%（2020 年）
16-17. 新入学児童生徒学用品費等の入学前支給の実施状況（小学校・中学校）	−	47.2%・56.8%（2018 年）	82.3%・83.8%（2020 年）
18-21. 高等教育の修学支援新制度の利用者数（大学・短期大学・高等専門学校・専門学校）	−	19.9 万人・1.4 万人・0.3 万人・5.5 万人（2020 年）	

出所）「全国ひとり親世帯等調査」および「児童生徒の問題行動・不登校等生徒指導上の諸課題に関する調査」などの統計調査より筆者作成

項目にのぼることである（図表 9 − 4 参照）。他方で、アウトプット指標は、「就学援助制度に関する周知状況」と、小学校と中学校の「スクールソーシャルワーカーによる対応実績のある学校の割合」や「スクールカウンセラーの配置率」および「新入学児童生徒学用品費等の入学前支給の実施状況」の 7 つにとどまる。

　したがって、上でふれた 10 ポイント以上の割合変動があるアウトカム、つまり児童養護施設やひとり親家庭の子どもの高等学校卒業後の進学率は、どのようなアウトプットによって達成されたかが明確になっていない。それゆえに、関連政策の

改善のための評価や提言ができないという問題が生じている。

　児童養護施設やひとり親家庭の子どもは、貧困／不利／困難を抱え、それらの子どもの貧困予防や対応が急がれている（埋橋 2015、p.1）。この点について改定後の大綱には、児童養護施設などで暮らす子どもの大学進学を推進するため、入所中の学習支援の充実と、進学に必要な学用品費などの購入費や進学後の生活費などの支援をおこなうことが明示されている。あわせて、ひとり親家庭の子どもの大学進学について、母子父子寡婦福祉資金貸付金による経済的支援を引き続き実施する。それにもかかわらず、関連するアウトプット指標が組み込まれていない。その結果として、進学率の上昇が、どの制度ないし支援によってもたらされたかを突き止めることができないのである。

　このような現状を打破するには、「教育の支援」および「生活の安定」などの 4 分野に、関連するアウトプット指標を組み込む必要がある。なぜならば、そういった作業を経てはじめてアウトカム（子どもの大学進学率の上昇や貧困率の低下など）に至る過程を解明し、政策への評価や改善案の提起が可能となるからである。

　なお、必要な追加アウトプット指標を検討する場合、上でふれた子どもの大学進学のアウトプット指標として、昨年度より実施されている①「高等教育の修学支援新制度の周知」や、児童養護施設の子どもに関連して②「児童養護施設に進学・就職などの自立支援やアフターケアを担う職員の配置率（とその配置ができる予算措置）」（三菱 UFJ リサーチ＆コンサルティング 2021、p.199）および、ひとり親世帯の子どもの③「他の福祉制度の経済的支援（例：教育支援資金貸付制度）の周知」などが、一応の候補として考えられるだろう。

　まとめると、本コラムは改正後の大綱の「教育の支援」21 指標の経年変化を確認したところ、生活保護世帯の子どもの高等学校等進学率・中退率のようなあまり変化がない指標がある一方で、およそ 10 ポイントの上昇がみられる児童養護施設の子どもの大学進学率などの指標がある。その上昇の要因を探るため、上記の 3 つのアウトプット指標を提示した。ただし、それらのアウトプット指標としての適切性や実用性については精緻化していく必要があり、また、その他の適切な追加指標を探索する必要もある。

（楊慧敏）

参考文献

第 1 巻

まえがき

エスピン-アンデルセン, G.（岡沢憲芙・宮本太郎監訳）（2001）『福祉資本主義の三つの世界－比較福祉国家の理論と動態』ミネルヴァ書房

デボラ・ミッチェル（埋橋孝文ほか訳）（1993）『福祉国家の国際比較研究－LIS10 カ国の税・社会保障移転システム』啓文社

序章

石橋章市朗ほか（2018）『公共政策学』第 8 章「評価－アカウンタビリティと改善」ミネルヴァ書房

埋橋孝文（2008）「社会政策における国際比較研究」『社会政策』創刊号

埋橋孝文（2011）「ディーセントワークの指標化をめぐって－今後のための基礎的作業」『生活保障と支援の社会政策』第 10 章、明石書店

埋橋孝文・朴蕙彬・楊慧敏・孫琳（2020）「社会政策における〈政策〉理解をめぐって」『Int'lecowk』（国際経済労働研究所）1105 号

金成垣（2020）「福祉国家研究と政策論－〈社会分析〉と〈政策分析〉の接点を求めて」『Int'lecowk』（国際経済労働研究所）1105 号

社会政策学会（2020）『社会政策学会戦後再建 70 周年記念誌』

武川正吾（1999）『社会政策のなかの現代』東京大学出版会

田中弘美（2020）「ジェンダーの視点から社会政策を評価する」『Int'lecowk』（国際経済労働研究所）1105 号

崔榮駿（2020）「韓国の研究者が見た東アジア社会政策研究と国家間交流」『社会政策学会戦後再建 70 周年記念誌』

中室牧子・津川友介（2017）『原因と結果の経済学－データから真実を見抜く』ダイヤモンド社

デボラ・ミッチェル（埋橋孝文ほか訳）（1993）『福祉国家の国際比較研究－LIS10 カ国の税・社会保障移転システム』啓文社

安田節之・渡辺直登（2008）『プログラム評価研究の方法』新曜社

山谷清志監修、源由理子・大島巌編著（2020）『プログラム評価ハンドブック－社会問題解決に向けた評価方法の基礎・応用』晃洋書房

李玲珠（2019）『韓国認知症政策のセオリー評価』晃洋書房

P. H. ロッシほか（大島巌・平岡公一ほか訳）（2005）『プログラム評価の理論と方法－システマティックな対人サービス・政策評価の実践ガイド』日本評論社

C. H. ワイス（前川美湖／池田満監訳）（2014）『入門　評価学－政策・プログラム研究の方法』日本評論社

Greve, B. (ed.) (2017) *Handbook of Social Policy Evaluation.*

Hill, M. and G. Bramley (1986) *Analyzing Social Policy.*

第 1 章

伊藤周平（2005）『「改正」介護保険と社会保障改革』山吹書店

埋橋孝文（2011）『福祉政策の国際動向と日本の選択－ポスト「三つの世界」論』法律文化社

NTT データ経営研究所（2019）「介護予防・日常生活支援総合事業及び生活支援体制整備事業の実施状況に関する調査研究事業報告書」

厚生労働統計協会（2019）『国民の福祉と介護の動向 2019/2020』厚生労働統計協会

厚生労働省「介護保険制度の概要」

厚生労働省（2008）「平成 20 年国民生活基礎調査の概況」

厚生労働省（2010）「介護保険事業状況報告」

厚生労働省（2011）「介護サービスの質の評価について」介護サービスの質の評価のあり方に係る検討委員会社会保障審議会介護給付費分科会資料 3

厚生労働省（2019）「保険者機能」社会保障審議会介護保険部会参考資料

厚生労働省「政策評価」

厚生労働省（2021）「ケアの質の向上に向けた科学的介護情報システム（LIFE）利活用の手引き」

厚生労働省老健局総務課（2011）「介護保険最新情報－介護政策支援システムについて」

厚生労働省老健局介護保険計画課（2017）「地域包括ケア『見える化』システム等を活用した地域分析の手引き」

厚生労働省老健局介護保険計画課（2018）「介護保険事業（支援）計画の進捗管理の手引き」

杉澤秀博・中谷陽明・杉原陽子（2005）『介護保険制度の評価－高齢者・家族の視点から』三和書籍

総務省「政策評価の在り方に関する最終報告（本文）」

総務省行政評価局「介護保険事業等に関する行政評価・監視結果報告書」

中村二朗・菅原慎矢（2017）『日本の介護－経済分析に基づく実態把握と政策評価』有斐閣

西出順郎（2020）『政策はなぜ検証できないのか』勁草書房

服部万里子（2020）「介護保険　翻弄され続けた二〇年」上野千鶴子・樋口恵子編『介護保険が危ない！』岩波ブックレット 1024

富士通総研（2018）参考資料 2「地域支援事業の評価について」、「地域包括ケア推進

に向けた総合的な自治体職員研究・支援体制に関する調査研究報告書」

三菱総合研究所（2020）「介護保険事業（支援）計画の策定に向けた『取組と目標』の的確な評価方法に関する調査研究事業」厚生労働省老人保険事業推進費等補助金

三菱総合研究所（2021）「介護保険事業計画における課題への対応状況に関する調査研究事業」厚生労働省老人保険事業推進費等補助金

第 2 章

〈日本語文献〉

大島巌（2012）「制度・施策評価（プログラム評価）の課題と展望」『社会福祉学』第 53 巻第 3 号

平岡公一（2005）「介護保険サービスに関する評価研究の動向と課題」『老年社会科学』第 27 巻第 1 号

平岡公一（2008）「介護保険の政策評価の動向」『社会政策研究 8』

平岡公一（2013）「ヒューマンサービス領域におけるプログラム評価と政策評価」『社会政策』第 5 巻第 2 号

龍慶昭・佐々木亮（2010）『（増補改訂版）「政策評価」の理論と技法』多賀出版

Rossi, P. H., Lipsey, M. W. and Freeman, H. E. (2004) *Evaluation: A Systematic Approach*, 7th Ed., Sage publications（大島巌・平岡公一・森俊夫ほか訳『プログラム評価の理論と方法－システマティックな対人サービス・政策評価の実践ガイド』日本評論社、2005）

〈韓国語文献〉

国民健康保険公団各年度版『老人長期療養保険統計年報』
(https://www.nhis.or.kr/nhis/etc/personalLoginPage.do)

国会予算政策処 (2018)『2018 年～ 2027 年　老人長期療養保険財政展望』

キム・ナムシク（2013）「老人長期療養施設評価指標の開発に関する研究」国際神学大学博士論文

キム・ミンキョン（2017）「老人長期療養保険制度の社会的成果に関する研究」延世大学社会福祉学専攻博士論文

キム・ジンス（2018）「韓国老人長期療養保険制度の評価と発展課題」韓国長期療養学会 2018 春季学術大会資料集

朴イン（2008）「老人長期療養保険制度の立法過程と内容」韓国法制研究院資料

保健福祉部（2012）「第 1 次長期療養基本計画」

保健福祉部（2018）「第 2 次長期療養基本計画」

徐東敏・張炳元（2005）「老人療養保障制度の導入による財政推計基本モデル開発及び関連変数に関する研究」『社会保障研究』21（4）

徐東敏・李龍宰（2006）「老人スバル保険制度導入による老人医療福祉施設の地域分布

と利用に関する研究」『老人福祉研究』33

ソク・ジエウンその他（2016）「長期療養在宅サービスの改編方策研究」韓国老人福祉学会資料

ソン・ウドクその他（2016）「老人長期療養保険の運営成果評価及び制度の再設計方策」韓国保健社会研究院資料

イ・ソクミン、ウォン・シヨン（2012）「老人長期療養制度の社会的成果に関する評価－理論主導評価の視点」『韓国社会と行政研究』第22巻第4号

イ・テファほか（2012）「長期療養サービス質の評価指標開発」『韓国看護行政学会誌』Vol.18. No.1

チャン・ウシム（2009）「老人長期療養保険制度における療養保護士教育及び管理に関する研究」『老人福祉研究』43

崔銀珠（2019）「韓国における老人長期療養保険制度の現状と課題－10年の成果と今後に向けて」『社会政策』第11巻第2号

韓国療養保護士協会（2015）「長期療養保険制度セミナー資料」

韓国統計庁（2006）「将来人口推計」

ホン・セヨン（2011）「老人療養施設の療養保護士が認識するケア労働の意味と特徴」『老人福祉研究』51

コラム1

Donabedian, Avedis (1988) "Evaluating the Quality of Medical Care" *The Milbank Memorial Fund Quarterly*, 44(3), Part 2: Health Services.

第3章

任セア（2020）『介護職の専門性と質の向上は確保されるか－実践現場での人材育成の仕組みづくりに関する研究』明石書店

北垣智基（2014）「介護現場の人材育成・定着等に向けた取り組みの実態と関連課題－京都府における調査結果から」『福祉教育開発センター紀要11』

北浦正行（2013）「介護労働をめぐる政策課題－介護人材の確保と育成を中心に」『日本労働研究雑誌』No.641

黒田研二・張允禎（2011）「特別養護老人ホームにおける介護職員の離職意向および離職率に関する研究」『社会問題研究』60(139)

公益財団法人介護労働安定センター（2010）『平成22年度介護労働実態調査』

公益財団法人介護労働安定センター（2020）『令和2年度介護労働実態調査』

厚生労働省（2003）「2015年の高齢者介護－高齢者の尊厳を支えるケアの確立に向けて」（2021年8月30日閲覧）

厚生労働省（2015）「2025年に向けた介護人材の確保－量と質の好循環の確立に向け

て」（2021 年 8 月 30 日閲覧）

厚生労働省（2017）「介護人材に求められる機能の明確化とキャリアパスの実現に向けて（第 20 回社会保障審議会福祉部会 H29.12.18）」（2021 年 8 月 30 日閲覧）

厚生労働省（2018a）「入門的研修について」（2021 年 8 月 30 日閲覧）

厚生労働省（2018b）「介護人材の処遇改善について（第 166 回 H30.12.12）」（2021 年 8 月 30 日閲覧）

厚生労働省（2020）「認知症施策の動向について」（2021 年 8 月 30 日閲覧）

厚生労働省（2021a）「第 8 期介護保険事業計画に基づく介護職員の必要数について」（2021 年 8 月 30 日閲覧）

厚生労働省（2021b）「令和 3 年度介護報酬改定の主な事項について」（2021 年 8 月 30 日閲覧）

花岡智恵（2009）「介護労働者の離職－他職種との賃金格差が離職に与える影響」『介護分野における労働者の確保等に関する研究（労働政策研究報告書、No.113）』所収（第 5 章）、労働政策研究・研修機構

福島県保健福祉部（2020）「介護の職場改善 取組事例集」（2021 年 8 月 30 日閲覧）

山口晴保（2018）「BPSD の定義、その症状と発症要因」『認知症ケア研究誌』2

第 4 章

伊藤美智予（2010）「特別養護老人ホームにおけるケアの質評価に関する研究」日本福祉大学博士論文

伊藤美智予・近藤克則（2012）「ケアの質評価の到達点と課題－特別養護老人ホームにおける評価を中心に（特集 ケアの質評価の動向と課題）」『季刊社会保障研究』48（2）

稲葉陽二・藤原佳典（2010）「少子高齢化時代におけるソーシャル・キャピタルの政策的意義－高齢者医療費の視点からの試論」『行動計量学』37（1）

内田和宏・李泰俊・加瀬裕子（2021）「高齢者介護施設における介護職員の離職意向に関連する要因の構造分析」『老年社会科学』42（4）

大石繁宏（2009）『幸せを科学する 心理学からわかったこと』新曜社

岡本秀明（2008）「高齢者の生きがい感に関連する要因－大阪市 A 区在住高齢者の調査から」『和洋女子大学紀要　家政系編』48

小野内智子（2019）「介護老人福祉施設と介護老人保健施設に勤務する介護職員のワーク・エンゲイジメントを高める職場環境の分析－「仕事の要求」と「仕事の資源」に焦点を当てて」『社会福祉学』59（4）

川井文子・中野博子・佐藤美由紀ほか（2015）「介護施設入所高齢者の主観的幸福感とその要因」『応用老年学』9（1）

神部智司（2007）「高齢者福祉サービスの利用者満足度評価に関する実証的研究の動向

　　－領域別満足度と総合的満足度の関連に焦点を当てて」『生活科学研究誌』6

神部智司・竹本与志人・岡田進一ほか（2010）「特別養護老人ホーム入居者の施設サービス満足度の因子構造に関する検討」『介護福祉学』17（1）

神部智司・竹本与志人・岡田進一ほか（2011）「特別養護老人ホーム入居者の施設サービスに対する領域別満足度と総合的満足度の関連」『ソーシャルワーク学会誌』21

小林亜由美・矢島まさえ・梅林奎子ほか（2003）「介護保険制度下における在宅サービスの質に関する評価－小規模町村における居宅介護サービス利用者支援のあり方」『群馬パース学園短期大学紀要』5（1）

高見千恵・忠津佐和代・水子学（2008）「介護保険サービス利用者のサービスに対する満足度尺度の妥当性および信頼性」『川崎医療福祉学会誌』17（2）

津軽谷恵（2003）「在宅高齢者と介護老人保健施設入所者の主観的 QOL について－ Visual Analogue Scale を用いて」『秋田大学医学部保健学科紀要』11（1）

内閣府（2011）「平成 22 年度国民生活選好度調査結果の概要について」

内閣府（2019）「満足度・生活の質に関する調査に関する第 1 次報告書」

松平裕佳・高山成子・菅沼成文ほか（2010）「介護老人福祉施設入所者の主観的幸福感に関連する要因」『日本公衆衛生雑誌』57（2）

三菱 UFJ リサーチ＆コンサルティング（2016）「特別養護老人ホームにおける良質なケアのあり方に関する調査研究事業報告書」平成 27 年度老人保健事業推進費等補助金老人保健健康推進等事業

壬生尚美（2011）「特別養護老人ホームのユニット型施設と従来型施設における入居者の生活意識－安心・満足できる生活の場の検討」『人間福祉学研究』4（1）

Diener, E., Emmons, R. A., Larsen, R. J., and Griffin, S. (1985) "The Satisfaction with Life Scale". *Journal of Personality Assessment.* 49(1)

Donabedian, A. (1966) "Evaluating the quality of medical care". *The Milbank memorial fund quarterly,* 44(3)

Havighurst、R. J. (1953) *Human development and education,* New York: Longmans、Green（＝1995、荘司雅子監訳『人間の発達課題と教育』玉川大学出版部）

第 5 章

厚生労働省（2005）「平成 18 年度介護報酬改定に関する審議報告」平成 17 年 12 月 13 日社会保障審議会介護給付費分科会資料

厚生労働省（2006）「ICF（国際生活機能分類）」平成 18 年 7 月 26 日第 1 回社会保障審議会統計分科会生活機能分類専門委員会資料

厚生労働省（2011）「介護サービスの質の評価について」平成 23 年 10 月 7 日社会保障審議会－介護給付費分科会資料

厚生労働省（2014）「介護保険制度におけるサービスの質の評価に関する調査研究事

業」平成 26 年 7 月 16 日介護給付費分科会－介護報酬改定検証・研究委員会資料

厚生労働省（2015a）「介護報酬でのサービスの質の評価の導入に関する取組について」平成 27 年 6 月 25 日社会保障審議会－介護給付費分科会資料

厚生労働省（2015b）「介護保険制度におけるサービスの質の評価に関する調査研究事業」平成 27 年 3 月 20 日介護給付費分科会－介護報酬改定検証・研究委員会資料

厚生労働省（2016）「介護保険制度におけるサービスの質の評価に関する調査研究事業」平成 28 年 5 月 24 日介護給付費分科会－介護報酬改定検証・研究委員会資料

厚生労働省（2017）「介護保険制度におけるサービスの質の評価に関する調査研究事業」平成 29 年 3 月 13 日介護給付費分科会－介護報酬改定検証・研究委員会資料

厚生労働省・経済産業省（2017）「未来投資会議構造改革徹底推進会合『健康・医療・介護』会合第 1 回」

厚生労働省（2018）「介護保険制度におけるサービスの質の評価に関する調査研究事業」平成 30 年 3 月 5 日介護給付費分科会－介護報酬改定検証・研究委員会資料

厚生労働省（2019）「介護保険制度におけるサービスの質の評価に関する調査研究事業」平成 31 年 3 月 14 日介護給付費分科会－介護報酬改定検証・研究委員会資料

厚生労働省（2020）「介護保険制度におけるサービスの質の評価に関する調査研究事業」令和 2 年 3 月 26 日介護給付費分科会－介護報酬改定検証・研究委員会資料

厚生労働省（2021a）「介護保険制度におけるサービスの質の評価に関する調査研究事業」令和 3 年 3 月 12 日介護給付費分科会－介護報酬改定検証・研究委員会資料

厚生労働省（2021b）『ケアの質の向上に向けた科学的介護情報システム（LIFE）利活用の手引き』

内閣府（2017）「未来投資戦略 2017 － Society 5.0 の実現に向けた改革」

日本公衆衛生協会（2010）『介護サービスの質の評価のあり方に係る検討に向けた事業報告書』

コラム 2

厚生労働省ほか（2017）「認知症施策推進総合戦略（新オレンジプラン）－認知症高齢者等にやさしい地域づくりに向けて」2017 年 7 月改訂版

認知症施策推進関係閣僚会議（2019）「認知症施策推進大綱」2019 年 6 月 18 日

堀井聡子・尾島俊之編（2019）「認知症の人・高齢者等にやさしい地域づくりの手引き－指標の利活用とともに」

コラム 3

有本梓ほか（2020）「アクションリサーチによる地区組織基盤の世代間交流プログラムの開発と評価」23（2）

草野篤子ほか編（2007）『世代間交流効果』山学出版

原田謙ほか（2019）「高齢者の若年者に対する否定的態度に関連する要因−世代間関係における「もう一つのエイジズム」」『老年社会科学』41（1）

朴蕙彬（2020）『日本映画にみるエイジズム−高齢者ステレオタイプとその変遷』法律文化社

村山陽ほか（2013）「世代間交流事業に対する社会的関心とその現状−新聞記事の内容分析及び実施主体者を対象とした質問紙調査から」『日本公衛誌』3（60）

WHO ホ ー ム ペ ー ジ https://www.who.int/teams/social-determinants-of-health/demographic-change-and-healthy-ageing/combatting-ageism/global-report-on-ageism（2021 年 9 月 20 日閲覧）

第 6 章

大橋知佳（2013）「地域別にみる少子化と未婚の関係」『日経研月報』418、日本経済研究所

小西敦（2020）「政策評価と証拠に基づく政策立案（EBPM）の比較」『政策科学』（立命館大学政策科学会）27（4）

内閣府子ども・子育て本部（2021）『令和 2 年度少子化社会に関する国際意識調査報告書』

堀江孝司（2008）「少子化問題をめぐるアイディアと政治」『人文学報』394

守泉理恵（2021）「第 4 次少子化社会対策大綱と日本の少子化対策の到達点」『「日中韓における少子高齢化の実態と対応に関する研究」令和 2 年度 総括研究報告書（厚生労働行政推進調査事業費補助金（地球規模保健課題解決推進のための行政施策に関する研究事業））』国立社会保障・人口問題研究所

山縣文治（2002）『現代保育論』ミネルヴァ書房

第 7 章

阿部彩（2013）「日本における剥奪指標の構築に向けて−相対的貧困率を補完する指標の検討」『季刊・社会保障研究』Vol.49. No.4

阿部彩（2014）『子どもの貧困Ⅱ−解決策を考える』岩波書店

上坂美紀・中森千佳子（2020）「子どもの主観的 well-being における「生活評価」指標の枠組みと指標の提案」『日本家政学会誌』Vol.71. No.10

埋橋孝文・矢野裕俊編著（2015）『子どもの貧困／不利／困難を考えるⅠ−理論的アプローチと各国の取組』ミネルヴァ書房

埋橋孝文・矢野裕俊・田中聡子・三宅洋一編著（2019）『子どもの貧困／不利／困難を考えるⅢ−施策に向けた総合的アプローチ』ミネルヴァ書房

大澤真平（2019）「貧困と子どもの経験−子どもの視点から考える」松本伊智朗編集代表、小西祐馬・川田学編著『シリーズ子どもの貧困 2 　遊び・育ち・経験−子ども

の世界を守る』明石書店

柏木智子（2020）『子どもの貧困と「ケアする学校」づくり－カリキュラム・学習環境・地域との連携から考える』明石書店

小林良彰編著（2015）『子どもの幸福度』ぎょうせい

末冨芳編著(2017)『子どもの貧困対策と教育支援－より良い政策・連携・協働のために』明石書店

竹沢純子（2013）「子どものウェルビーイングの指標に関する国際的動向」『海外社会保障研究』185 号

内閣府政策統括官（2017）『子供の貧困に関する新たな指標開発に向けた調査研究報告書』https://www8.cao.go.jp/kodomonohinkon/chousa/h28_kaihatsu/index.html

福田詩織（2017）「子供の貧困をどう測定するか」『2017 年のコラム』みずほリサーチ＆テクノロジーズ https://www.mizuho-ir.co.jp/publication/column/2017/1031.html

山野則子編著（2019）『子どもの貧困調査－子どもの生活に関する実態調査から見えてきたもの』明石書店

テス・リッジ（2010）『子どもの貧困と社会的排除』桜井書店、Ridge, T. (2002) *Childhood Poverty and Social Exclusion,* The Policy Press

Thévenon, O. et al. (2018) "Child poverty in the OECD: Trends, determinants and policies to tackle it", *OECD Social, Employment and Migration Working Papers*, No. 218, OECD Publishing, Paris

UNICEF イノチェンティ研究所（2010）『レポートカード 7　先進国における子どもの幸せ－生活と福祉の総合的評価』国立教育政策研究所（UNICEF Innocenti, "Child Poverty in Perspective: An overview of child well-being in rich countries", *Innocenti Report Card 7,* United Nations Children's Fund, 2007）

UNICEF イノチェンティ研究所・阿部彩・竹沢純子（2013）『先進国における子どもの幸福度－日本との比較 特別編集版』公益財団法人日本ユニセフ協会

(UNICEF Office of Research, Child Well-being in Rich Countries: Comparing Japan, *Report Card 11,* UNICEF Office of Research, Florence, 2013)

UNICEF イノチェンティ研究所（2020）『レポートカード 16　子どもたちに影響する世界－先進国の子どもの幸福度を形作るものは何か』公益財団法人日本ユニセフ協会（UNICEF Innocenti, "Worlds of Influence: Understanding what shapes child well-being in rich countries", *Innocenti Report Card 16*, UNICEF Office of Research – Innocenti, Florence, 2020）

第 8 章

小川眞智子（2019）「子どもの貧困と学校教育」埋橋孝文・矢野裕俊・田中聡子・三宅

洋一『子どもの貧困／不利／困難を考えるⅢ－施策に向けた総合的アプローチ』第8章、ミネルヴァ書房

柏木智子（2021）「子どもの貧困支援のための外部連携」『高校教育』11月号、学事出版

J. J. ヘックマン（古草秀子訳）（2015）『幼児教育の経済学』東洋経済新報社

松岡亮二（2019）『教育格差－階層・地域・学歴』ちくま新書

松村智史（2020）『子どもの貧困対策としての学習支援によるケアとレジリエンス－理論・政策・実証分析から』明石書店

文部科学省（2021）『令和2年度「EBPMをはじめとした 統計改革を推進するための調査研究」（教育政策の特性を踏まえた根拠に基づく政策形成のあり方についての研究業務）報告書』

山村りつ（2015）「子どもの貧困をどうとらえるべきか」埋橋孝文・矢野裕俊編著『子どもの貧困／不利／困難を考えるⅠ－理論的アプローチと各国の取組み』第3章、ミネルヴァ書房

Rawls, J. edited by Kelly, E. (2001) *Justice as Fairness*, Harvard University Press（＝田中成明・亀本洋ほか訳（2010）『公正としての正義 再説』岩波書店）

Sen, A. (2009) *The Idea of Justice*, Belknap Press: An Imprint of Harvard University Press（＝池本幸生訳（2011）『正義のアイデア』明石書店）

第9章

小野達也（2018）「ロジックモデルを用いた評価指標の設定」https://www.soumu.go.jp/main_content/000544566.pdf（2021年7月22日閲覧）

内閣府「子どもの貧困対策に関する検討会」議事録 https://www8.cao.go.jp/kodomonohinkon/kentoukai/index.html

内閣府「子供の貧困対策に関する有識者会議」議事録 https://www8.cao.go.jp/kodomonohinkon/yuushikisya/index.html

山谷清志監修、源由理子・大島巌編著（2020）『プログラム評価ハンドブック－社会問題解決に向けた評価方法の基礎・応用』晃洋書房

P. H. ロッシほか（大島巌ほか訳）（2005）『プログラム評価の理論と方法－システマティックな対人サービス・政策評価の実践ガイド』日本評論社

C. H. ワイス（前川美湖／池田満監訳）（2014）『入門 評価学－政策・プログラム研究の方法』日本評論社

コラム4

阿部彩（2014）『子どもの貧困Ⅱ－解決策を考える』岩波新書

埋橋孝文（2015）「先鋭的に深刻化しているグループに注目」埋橋孝文・大塩まゆみ・

居神浩編『子どもの貧困／不利／困難を考えるⅡ－社会的支援をめぐる政策的ア
　プローチ』序章、ミネルヴァ書房

三菱 UFJ リサーチ＆コンサルティング（2021）「児童養護施設等への入所措置や里親
　委託等が解除された者の実態把握に関する全国調査報告書」

索引

第 1 巻　あとがき

　本書は、編著者がこれまで共同研究を一緒にしたことのある研究者、および、同志社大学大学院出身の若手研究者とともにおこなった研究会をベースにしてでき上がった著作です。

　2019 年 10 月の第 1 回を皮切りに回を重ねた研究会は、原稿締切りの期日である 2021 年の 9 月でちょうど 20 回目を迎えました。3 回目までは対面でおこなっていましたが、4 回目（2020 年 4 月）からはオンラインでの開催となりました。オンラインに切り替えた後、研究会の開催頻度が増し、進行が速くなりました。

　この研究会は、これまでの福祉政策研究の一つの弱い環であった「政策評価」を充実させるという趣旨で始まったものです。研究会の前半では、ロッシほか著『プログラム評価の理論と方法』をテキストにして輪読形式で理解を深め、また、B. Greve (ed.)（2017）*Handbook of Social Policy Evaluation* の主要部分を分担訳出して、最先端の研究の摂取に努めました。研究会後半では参加者が各自少なくとも 2 回は報告しました。

　毎回、有意義で楽しい討議が続きましたが、「フロンティアを拓く、新機軸を打ち出す、これまでの研究の隘路をブレークスルーする」といった研究会の方針が、参加者にある種の緊張感を抱かせることになったかもしれません。しかし、参加者はそうしたプレッシャーに耐え、期待に十分応えてくれました。

　以上のような経緯ででき上がった本書が、読者のみなさんの知的好奇心を満足させ、価値あるものになることを願って、あとがきに代えます。

　2022 年 1 月

埋橋孝文

執筆者紹介（執筆順）

埋橋孝文（うずはし　たかふみ） まえがき、序章、第9章、あとがき
編著者紹介を参照

郭芳（カク　ホウ） 第1部【1】解題、第1章
現在　同志社大学社会学部助教、博士（社会福祉学）
主要業績
1．「介護保険－人生100年時代への対応」埋橋孝文編著『どうする日本の福祉政策』第3章、ミネルヴァ書房、2020年
2．「高齢者福祉サービス供給の発展経路とその特徴－歴史的展開から考える」『評論・社会科学』130号、2019年
3．『中国農村地域における高齢者福祉サービス－小規模多機能ケアの構築に向けて』（単著）明石書店、2014年

崔銀珠（チェ　ウンジュ） 第2章
現在　福山平成大学福祉健康学部講師、博士（社会福祉学）
主要業績
1．「保健医療対策の概要」『保健医療と福祉』学文社、2020年
2．「韓国における老人長期療養保険制度の現状と課題－10年の成果と今後に向けて」『社会政策』ミネルヴァ書房、2019年
3．「韓国における医療社会福祉の発展過程に関する一考察－医療社会福祉士の成り立ちを中心に」『福祉科学研究』第14巻、2019年

李宣英（イ　ソンヨン） 第1部【2】解題、第5章
現在　韓国・江陵原州大学社会福祉学科助教授、博士（社会福祉学）
主要業績
1．「介護施設従事者の組織親睦と介護サービスの質との関係」『老人福祉研究』76（2）、2021年（韓国語）
2．「介護施設職員の職務における類型化－専門性と遂行度を中心に」『社会福祉政策』47（4）、2020年（韓国語）
3．『準市場の成立は高齢者ケアサービスを変えれるか－日韓の比較実証分析』（単著）ミネルヴァ書房、2015年

任セア（イム　セア） 第3章
現在　東洋大学ライフデザイン学部助教（実習担当）、博士（社会福祉学）
主要業績
1．『介護職の専門性と質の向上は確保されるか－実践現場での人材育成の仕組みづくりに関する研究』（単著）明石書店、2020年
2．「療養保護士の専門職の発展可能性に関する研究」韓国長期療養学会『長期療養研究』7

巻 1 号、2019 年
3．「介護職の専門性の構成要素に関する研究－これまでの研究動向の考察から」同志社大学
社会学会『評論・社会科学 』（125）、2018 年

鄭熙聖（チョン　ヒソン）第 4 章
現在　関東学院大学社会学部准教授、博士（社会福祉学）
主要業績
1．『独居高齢者のセルフ・ネグレクト研究－当事者の語り』（単著）法律文化社、2020 年
2．「高齢者のセルフ・ネグレクト尺度開発に関する研究」『厚生の指標』66(5)、2019 年
3．「独居高齢者のセルフ・ネグレクトに影響する要因とそのプロセス－当事者の語りに着目
して」『社会福祉学』59(1)、2018 年

矢野裕俊（やの　ひろとし）第 2 部解題、第 7 章
現在　武庫川女子大学教育学部教授、博士（文学）
主要業績
1．『人間教育を目指したカリキュラム創造－「ひと」を教え育てる教育をつくる』（共編著）
ミネルヴァ書房、2020 年
2．『子どもの貧困／不利／困難を考えるⅢ－施策に向けた総合的アプローチ』（共編著）ミネ
ルヴァ書房、2020 年
3．『子どもの貧困／不利／困難を考えるⅠ－理論的アプローチと各国の取組み』（共編著）ミ
ネルヴァ書房、2015 年

石田慎二（いしだ　しんじ）第 6 章
現在　帝塚山大学教育学部教授、博士（社会福祉学）
主要業績
1．『家庭養護のしくみと権利擁護』（共著）明石書店、2021 年
2．『社会的養護演習』（共編著）建帛社、2020 年
3．『保育所経営への営利法人の参入』（単著）法律文化社、2015 年

田中弘美（たなか　ひろみ）第 6 章
現在　武庫川女子大学文学部講師、博士（社会福祉学）
主要業績
1．「政策評価の重要性－福祉とジェンダーをめぐって」埋橋孝文編著『どうする日本の福祉
政策』第 7 章、ミネルヴァ書房、2020 年
2．「子どものレジリエンスが育まれる過程」埋橋孝文・矢野裕俊・田中聡子編著『子どもの
貧困／不利／困難を考えるⅢ－施策に向けた総合的アプローチ』第 9 章、ミネルヴァ書房、
2019 年
3．『「稼得とケアの調和モデル」とは何か－「男性稼ぎ主モデル」の克服』（単著）ミネル
ヴァ書房、2017 年

遠藤希和子（えんどう きわこ） 第6章

現在　金城学院大学人間科学部講師、MSc（Social Policy and Planning）

主要業績

1. 「社会保障とアセット・ベース型福祉－イギリスの住宅支援とソーシャルケアに着目して」（共著）『立正大学社会福祉研究所年報』2、2019年
2. 「特集 海外における在宅ケア－アメリカの在宅ケアの現状と課題」『日本在宅ケア学会誌』23（1）、2019年
3. 「介護福祉の視点からContinuing Care Retirement Community（CCRC）を再考する－アメリカでの現地調査から」『介護福祉学』23（1）、2016年

柏木智子（かしわぎ　ともこ） 第8章

現在　立命館大学産業社会学部教授、博士（人間科学）

主要業績

1. 『子どもの貧困と「ケアする学校」づくり－カリキュラム・学習環境・地域との連携から考える』（単著）明石書店、2020年
2. 『貧困・外国人世帯の子どもへの包括的支援－地域・学校・行政の挑戦』（編著）晃洋書房、2020年
3. 『子どもの貧困・不利・困難を越える学校－行政・地域と学校がつながって実現する子ども支援』（編著）学事出版、2017年

【コラム執筆者】

李玲珠（イ　ヨンジュ）

現在　韓国・エリム老人総合福祉センター園長、博士（社会福祉学）

主要業績

1. 『韓国認知症政策のセオリー評価』（単著）晃洋書房、2019年
2. 「『第3次痴呆管理総合計画』の検討－痴呆老人の生活ニーズと想定されているアウトカムとの整合性を中心に」（韓国語）『韓国相談福祉実践学会誌』5巻1号、2019年
3. 「福祉分野におけるセオリー評価の活用可能性－プログラムの改善に資する情報を得るには」『評論・社会科学』118号、2016年

任貞美（イム　ジョンミ）

現在　韓国・慶尚国立大学助教授、博士（社会福祉学）

主要業績

1. 「韓国長期療養保険における作業療法士の人材現況と需給分析」（韓国語）『大韓作業療法学会誌』2021年
2. 『韓国の施設内の高齢者虐待発生過程の究明と効果的な対応戦略の模索』（韓国語、共著）韓国保健社会研究院、2020年

金圓景（キム　ウォンギョン）

現在　明治学院大学社会学部准教授、博士（社会福祉学）

主要業績

1．「認知症の人の意思決定支援をめぐる動向」『明治学院大学社会学・社会福祉学研究』157、
　2021 年
2．「韓国の認知症対策」『日本認知症ケア学会』19(3)、2020 年
3．「若年性認知症家族会の意義と課題」『日本認知症ケア学会』18(4)、2020 年

朴蕙彬（パク　ヘビン）
現在　新見公立大学健康科学部講師、博士（社会福祉学）
主要業績
1．『日本映画にみるエイジズム－高齢者ステレオタイプとその変遷』（単著）法律文化社、
　2020 年
2．「エイジズムと福祉政策－映画における高齢者ステレオタイプ」埋橋孝文編著『どうする
　日本の福祉政策』第 12 章、ミネルヴァ書房、2020 年
3．「映画『東京物語』と『東京家族』にみられるエイジズム－ステレオタイプ化されたイ
　メージと歴史的変化の分析」『評論・社会科学』125 号、2018 年

楊慧敏（ヨウ　ケイビン）
現在　同志社大学大学院社会学研究科博士後期課程、大阪市立大学都市研究プラザ特別研究員、
　修士（社会福祉学）
主要業績
1．「中国の介護保険パイロット事業の課題」『Int'lecowk』通巻 1112 号、2021 年
2．「日本のセーフティネット－社会手当の国際比較を兼ねて」（共著）『労働調査』通巻 599
　号、2020 年
3．「中国における介護保険パイロット事業の展開－財政システムの分析から」『同志社社会福
　祉学』No.31、2019 年

【編著者紹介】
埋橋孝文（うずはし　たかふみ）
現在　同志社大学社会学部教授、放送大学客員教授、博士（経済学）
主要業績
『どうする日本の福祉政策』（編著）ミネルヴァ書房、2020 年
『貧困と就労自立支援再考－経済給付とサービス給付』（共編著）法律文化社、2019 年
『子どもの貧困／不利／困難を考える I 、II 、III 』（共編著）ミネルヴァ書房、2015 年、2015
　年、2019 年
『貧困と生活困窮者支援－ソーシャルワークの新展開』（共編著）法律文化社、2018 年
『福祉政策の国際動向と日本の選択－ポスト「三つの世界」論』（単著）2011 年

福祉政策研究入門　政策評価と指標　第1巻
—— 少子高齢化のなかの福祉政策

2022 年 3 月 15 日　　初版第 1 刷発行

編著者　　　　　　　　埋　橋　孝　文

発行者　　　　　　　　大　江　道　雅

発行所　　　　　　　株式会社 明石書店

〒 101-0021 東京都千代田区外神田 6-9-5
電　話　03（5818）1171
FAX　03（5818）1174
振　替　00100-7-24505
https://www.akashi.co.jp

装　　丁　　　　明石書店デザイン室
印刷・製本　　　モリモト印刷株式会社

（定価はカバーに表示してあります）　　ISBN978-4-7503-5358-6